KB054477

대륙의 거상

자본주의 토대를 만든
중국 상인들

대륙의 거상

中
國
巨
商

김영수 지음

매일경제신문사

역사를 통해 미래 중국의
행보를 예측하다

세계를 놀라게 한 중국과 중국 경제

세계가 중국, 특히 중국 경제에 촉각을 곤두세운 지 이미 오래다. 중국 경제와 중국 경제인의 동향이 세계 경제와 경제인에게 큰 영향을 미치는 시대다. 참으로 격세지감이 아닐 수 없다.

사실 중국은 1911년 신해혁명을 통해 수천 년 지속되어온 왕조 체제를 끝냈지만 이후 극심한 내전과 일본을 비롯한 서양 제국주의자들의 침략 등을 겪으면서 침체를 면치 못했다. 1949년 신중국 성립 이후 1978년 개혁개방을 표방하기까지는 체제 안정과 문화대혁명이라는 독한 병목 위기를 겪느라 역시 힘을 쓰지 못했다. 그러나 1978년 덩샤오핑鄧小平이 개혁개방을 표방한 이래 약 30년 동안 중국은 눈부시게 발전했고 다소의 부침은 있지만 지금도, 그리고 앞으로도 그 여세는 상당할 것이다.

2013년 시진핑 체제를 맞이해서는 '중국의 꿈CHINA DREAM, 중국인의 꿈CHINESE DREAM, 나의 꿈MY DREAM'이라는 기치 아래 위대한 중국의 부흥을 꾀하고 있다. 더욱이 14억 중국인은 향후 30년을 시진핑習近平의 30년으로 부르며 그에게 강력한 리더십을 부여했다. 중국이 지속적인 정책에 따라 개혁개방을 더욱 심화시켜나가리라는 전망을 가능케 하는 대목이다.

금세기 안에 중국은 두 개의 100년을 맞이한다. 2021년은 중국 공산당 창립 100주년이고, 2049년은 중국 공산당정권, 즉 신중국 성립 100주년이다. 그리고 그 사이 중국은 미국을 뛰어넘는 세계 최대의 경제대국으로 군림할 전망이다. 중국은 이를 위해 시진핑 집권기를 맞이하며 '일대일로—帶—路(뉴 실크로드 프로젝트)'라는 인류 역사상 최대의 프로젝트를 추진하기 시작했다. 전 세계를 하나의 띠, 하나의 길로 연결하겠다는 이 원대한 구상은 현재 거의 모든 나라가 그 동향을 시시각각 파악할 정도로 관심의 대상이 되고 있다. 아시아인프라투자은행(이하 AIIB)은 바로 이 '일대일로'를 위해 중국의 주도하에 건립된 주 은행이다.

한국 경제의 사활도 중국이 쥐고 있는 형국이다. '일대일로'와 AIIB에 얼마나 참여하고 지분을 확보하느냐가 앞으로 한국 경제의 활로와 직결될 전망이다. 한국 수출입 총 규모에서 4분의 1 이상을 차지하고 있는 중국의 비중은 대중국 수출이 감소하고 있는 상황에서 점점 더 심화될 것으로 전망된다.

이런 점에서 수천 년 중국 경제사의 흐름과 중국 경제의 위상 및 중국인 특유의 상도商道를 역대 상인들을 중심으로 짚어보는 것도 의미 있는 일이 될 것이다.

'삼상'의 원류와 중국 상인

중국인들은 장사꾼의 피를 타고난다는 말도 있듯이 중국이 세계 경제에 큰 영향을 미치는 것은 당연한지도 모른다. 우리에게 장사꾼으로 인식되는 한자 '상인商人'은 '상나라 사람'이란 뜻이다. 상나라는 중국 역사상 두 번째 왕조인 은殷 왕조의 다른 이름이다. 고고학 발굴과 연구 성과에 따르면 은 왕조의 초기 도읍이 상商이었다. 따라서 은은 후기 도읍지였다. 그래서 지금까지 우리가 알아왔던 은 왕조는 은상殷商, 정확히는 상은商殷이라 불러야 한다.

요컨대 장사꾼을 뜻하는 '상인'은 '상'이란 지명에서 유래됐다. 상나라 사람들이 장사에 능했기 때문에 생겨난 단어인 것이다. 여기에 '상인'이 만든 물건과 그 거래를 뜻하는 '상품商品'과 '상업商業'을 합쳐 '삼상三商'이라고 한다. 모두 상나라에서 비롯된 이름들이다. 가장 오래된 시가집《시경詩經》의 〈상송商頌〉 편은 바로 상나라 사람들의 생활과 애환을 노래한 것이다.

중국 중원에 위치한 하남성 상구시商丘市는 상나라의 기원지로 알려져 있다. 도시 이름에 상商이 들어 있고 언덕이란 뜻의 구丘가 합쳐

져서 상나라의 언덕, 즉 상의 땅이 된다. 이 상구시에는 아주 특별한 문화광장이 조성되어 있는데, 이름하여 '화상문화광장華商文化廣場'이다. 상나라의 발생지이자 상인의 발생지인 동시에 '화교 상인'을 뜻하는 '화상華商'의 발원지로서 상구시를 부각시키기 위해 조성한 것이다. 말하자면 중국 상인, 상품, 상업의 근원지이자 메카가 바로 상구시인 셈이다. 그래서 상구 사람들은 상구시를 '삼상지원三商之源', '화상지도華商之都'라는 별칭으로 부른다. 삼상의 발원지요, 화상의 도시란 뜻이다.

상구시는 매년 이 공원에서 전 세계 각지의 화상들을 초청하여 거대한 문화 행사를 열고 있다. 중국 경제의 파워가 커질수록 상구시와 화상문화광장에 대한 관심 역시 확대될 것이다. 이 문화공원은 상구시는 물론이고 중국인이 자기 역사와 문화, 전통의 뿌리를 얼마나 중시하는가를 잘 보여준다. 중국 상인의 원형질과 상업의 역사 및 중국 상인 문화의 전통을 이해하기 위해서는 시계를 약 4천 년 전으로 돌려야 한다.

화상의 원조, 왕해

전 세계에 퍼져 있는 중국계 화교 상인은 약 5천만 명에 육박하고 그 경제력도 헤아리기 힘들 정도라고 한다. 이런 5천만 화상들이 자신의 원조로 받드는 인물이 바로 왕해다.

왕해王亥는 상商 부락의 7대 수령으로 알려져 있다. 갑골문에서 '상고조왕해商高祖王亥' 등이 확인되면서 그 존재가 확실해졌다. 갑골문에서 확인되는 가장 오래된 인물이기도 하다.《사기》〈은본기〉에서는 이름을 '진振'이라 했다.

왕해는 부락의 수령이 되고 나서 각지로 물자를 운반하기 위해 소를 이용한 운송 도구인 우차牛車를 제작

왕해가 우차를 끌고 교역 길을 나서는 모습을 그린 청나라 시기 그림.

했고, 이를 위해 소를 대량으로 길러냈다. 이로써 상 부락에서 농업과 목축업이 빠른 속도로 발전하자 소를 비롯한 생산품들이 남아돌게 됐다. 왕해는 이 남아도는 소와 양 등 가축 문제를 해결하고자 동생인 왕항王恒과 상의한 끝에 다른 부락과 물물교환에 나서기로 했다. 왕해는 동생 왕항과 유력한 목축업자 등과 함께 직접 이 동물들을 유역有易(지금의 하북성 역현 일대)으로 운반했다.

그런데《죽서기년竹書紀年》의 기록에 따르면, 기원전 1810년 무렵 왕해는 유역으로 가서 물자와 가축을 교환하려다가 피살당한 것으로 나온다. 당시 유역 부락의 수령 면신綿臣은 왕해가 가져온 물건이

며 가축들이 탐이 나 왕해를 죽이고 왕항과 다른 사람들을 내쫓았다. 왕항은 모든 것을 빼앗기고 하는 수 없이 상구로 되돌아왔다.

또 다른 설은 다소 황당하다. 유역의 수령 면신의 아내가 왕해를 보고 마음을 빼앗겼다. 동생 왕항이 이를 질투하여 호위 무사와 결탁하여 형님 왕해를 죽일 준비를 했다. 어느 날 왕해가 술에 취해 숙소로 돌아와 잠에 곯아떨어졌다. 자객이 이 틈에 도끼를 들고 왕해의 숙소로 침입하여 왕해의 몸뚱이를 여덟 동강을 냈다. 자객은 궁녀에게 발각되어 병사들에게 붙잡혀 유역의 군주 면신에게 넘겨졌고, 면신은 왕해가 죽었다는 것을 알고 왕해가 가져온 동물과 목축업자들을 모두 차지했다. 그러고는 왕해의 시신과 왕항을 유역 밖으로 내보냈다는 것이다.

하남성 상구시 화상광장에 있는 왕해의 동상. 왕해는 이렇듯 화상의 실질적이고 정신적인 지주로 자리 잡고 있다.

그러나 갑골문 기록에 따르면, 왕해는 유역의 군주에게 피살되었으며 왕해의 아들 상갑미上甲微가 유역의 군주를 죽여 복수했다고 한다. 따라서 위의 전설들은 사실이 아닌 후대 사람들이 지어낸 잘못된 이야기다. 다만 왕해가 가축과 사람들을 데리고 유역에 가서 교역을 시도

한 것만큼은 사실로 봐야 할 것이다.

훗날 하 왕조에 이어 상 왕조가 들어선 이후 역대 군주들은 조상의 공로를 기리기 시작했는데, 왕해와 그 아들 상갑미의 제사는 특히 신경을 썼으며 왕해의 묘호廟號를 고조高祖라 부르고 추존했다.

전 세계의 화상들이 일치단결할 수 있는 힘

왕해는 상 부락의 농업과 목축 발전에 큰 공을 세웠다. 생산량이 넘칠 정도였다고 하니 농업과 목축에서 왕해가 거둔 성과가 어느 정도였는지 짐작할 만하다. 왕해는 남아도는 생산물들을 가지고 다른

《삼국지》의 영웅 관우는 훗날 '무성武聖'으로 추앙받는 동시에 국가의 이데올로기와 종교를 비롯해 사회 전반에서 수호신으로 정착했다. 특히 상업 방면에서는 부와 재물을 지키는 '재신財神'으로 추앙받고 있다.

부락과 교역하기 위해 소가 이끄는 수레, 우차도 만들었다. 외부 사람들은 이들을 '상인'이라 불렀는데 이 단어가 지금까지 사용되고 있다. 따라서 왕해는 상업에 종사하는 상인들의 시조가 되었고, 수천 년이 지난 지금까지도 상인들에게 신으로 추앙받고 있는 것이다.

일부 학자들은 《관자管子》 등의 기록을 바탕으로 왕해가 소를 길들이고 말을 타는 한편, 이 가축들을 전문적으로 기르는 축사와 가축용 먹이통까지 만들었다고 본다. 또 전설에는 왕해가 야생마를 길들이는 고사도 나온다. 이처럼 왕해는 목축과 농업이 결합된 농목 결합 형태의 경제를 상 부락에 접목시켜 상 부락이 크게 발전할 수 있는 기초를 마련했다고 평가된다.

한편 1980년 1월 하북인민출판사에서 출간된 《상대역사고사商代歷史故事》의 저자 주비周菲는 왕해의 아버지 명冥의 치수 사업과 왕해의 교역을 생생하게 묘사하면서 이런 일들이 모두 하남성 상구에서 발생했다는 점을 강조했다.

왕해는 상 왕조를 건국한 탕湯 임금의 7대조이자 중국 상업의 창시자로 후대에 적지 않은 영향을 미쳤다. 앞서도 언급했듯이, 상 왕조의 역대 군주들은 왕해와 그 아들 상갑미에게 올리는 제사를 특히 중시했으며, 그중에서도 왕해의 제사는 때로 하늘에 올리는 제사의 격에 맞출 정도였다.

이렇듯 중국의 상업과 경제는 유구한 역사를 자랑한다. 상구시의 화상문화광장은 중국 상업과 상인의 역사가 약 4천 년에 이른다는 것을 보여준다. 외지로 나가 상거래를 한 역사 또한 이에 버금간다. 상인의 역사는 그 출발부터가 모험과 개척 정신으로 충만했던 화상의 역사였던 셈이다.

뿌리에 대한 중국인의 관념과 집착, 관심과 기부는 타의 추종을 불허한다. 전 세계의 화상들이 일치단결할 수 있는 힘도 이런 뿌리가 있기 때문이다. 과연 중국 상인의 뿌리는 어디에 있으며 또 어떤 모습일까? 우리는 세계 경제를 좌우하는 중국 경제의 실체를 과거의 역사와 문화, 유구한 전통에서 확인할 수 있다.《대륙의 거상》을 기획한 의도도 바로 여기에 있다.

● 명언·명구

화상시조華商始祖

중국인을 다른 말로 화하족華夏族이라고 한다. 또 알다시피 해외에 있는 중국인을 화교華僑라 한다. 그중에서도 중국 상인, 특히 해외에서 사업에 종사하는 상인들을 화상이라고 부르는데, 그 시조를 왕해로 보고 '화상시조'라고 부른다.

중빈재신中斌財神

왕해의 별칭 중 하나다. 훗날 재물의 신이란 별칭을 가진 역사 속 인물로 가장 유명한 사람은 삼국시대의 명장 관우다. 그런데 이보다 훨씬 앞서 왕해에게도 '재신'이란 별칭을 붙여 '중빈재신'이라 불렀다. '중국의 빛나는 재신'이라는 뜻이다.

차례

1부 상인, 신분과 계층을 넘어서는 경제 전문가가 되다

2부 상인, 시대의 거상을 키워낸 치부법과 경영 이론을 말하다

상인,
신분과 계층을 넘어서는
경제 전문가가 되다

中
國
巨
商

강태공,
정치와 경제를 최초로 결합한 경륜가

중국사는 기원전 8세기에 접어들면서 심각한 변화를 겪는다. 기원전 771년 주周 왕조는 융족戎族의 공격을 받아 유왕幽王이 피살되고 도읍을 동쪽 낙양洛陽으로 옮기는 큰 위기에 처했다. 이로써 주 왕실의 권위는 추락했으며 세력이 강한 주변 제후국 중 하나가 중앙 왕실을 대신하여 천하를 호령하는 이른바 춘추시대가 시작됐다.

이들 제후국 중에서 동방의 제齊나라가 먼저 두각을 나타내면서 춘추시대를 주도한 '춘추오패春秋五霸'의 선두주자가 됐다. 이때가 기원전 7세기 중반으로, 제나라의 통치자는 환공桓公이었다. 형제간의 격렬한 정쟁을 통해 정권을 잡은 환공은 그 와중에 자신을 죽이려 했던 원수를 재상으로 전격 발탁하여 대대적인 개혁 정치를 추진하는 놀라운 리더십을 발휘했다. 환공은 자신의 조력자인 포숙鮑叔의 건의를 전격 수용하여 원수 관중管仲을 기용했던 것이다. '관포지교 管鮑之交'라는 유명한 고사성어가 여기에서 탄생했다.

나라가 부강해지려면 백성이 부유해져야 한다

당대 최고의 경륜가 관중은 약 40년 동안 제나라의 정국을 주도하면서 정치, 경제, 군사 등 거의 모든 방면에서 획기적인 개혁을 단행하여 제나라를 일약 초일류 강대국으로 끌어올렸다. 특히 경제 방면에서 관중이 보여준 놀라운 정책은 제나라를 강하게 만드는 데 결정적인 견인차 역할을 했다.

관중은 나라가 부강해지려면 먼저 백성이 부유해져야 한다고 확신했다. 이것이 관중의 '부민부국富民富國' 논리다. 그는 백성들의 삶이 넉넉하지 못하면 국가의 정책과 정치가 제대로 먹히지 않는다고 보았다. 관중이 정치와 경제를 결합한 《관자》라는 최고의 통치 방략서를 통해 남긴 "창고가 차야 예절을 알고倉廩實而知禮節" "입고 먹는 것이 넉넉해야 명예와 치욕을 안다衣食足而知榮辱"는 명언은 바로 이런 인식을 잘 반영하고 있다. 즉, 백성들의 생활이 넉넉해야 예절도 차리고 명예와 치욕도 깨달아서 나라 정책이 실효를 거둘 수 있다는 뜻이다. 관중의 '부민부국' 이론은 지금도 충분히 귀를 기울일 가치가 있다.

관중을 탄생시킨 유능한 정치가, 강태공

춘추시대 초기 제나라가 다른 제후국들과는 달리 경제 분야 개혁을 단행하여 부민부국을 이루고 나아가 당시 초강대국으로 군림할 수 있었던 데는 역사적 내력이 있었다. 특히, 제나라가 당시 모든 나라가 취했던 중농주의重農主義 경제 정책을 과감하게 포기하고 그 대신 중상주의重商主義 경제 정책을 채택한 데는 제나라의 시조 강태공이 지닌 깊은 안목의 힘이 크다.

먼저 강태공의 생애를 간략하게 살펴보자. 강태공은 서주西周 초기의 공신으로 성은 강姜, 이름은 상尙, 자를 자아子牙라고 했다. 이름과 자를 따서 강상, 강자아라 부르기도 하고, 그 선조가 여呂라는 땅에서 책봉되었기 때문에 여상이라 부르기도 한다. 또 전설에 따르면 주나라 문왕 희창姬昌이 강자아를 얻은 뒤 이는 선조 태공께서 간절히 바라던 인물이라는 뜻으로 태공망太公望 또는 강태공이라 불렀다고도 한다. 서주 초기에 태사太師 벼슬에 임명됐다고 해서 '사상보師尙父'라는 별명도 있다.

강태공은 문왕을 도와 주나라가 은나라를 무너뜨리는 데 절대적인 공을 세운, 정치와 군사 방면의 전문가였다. 그는 그 공으로 제齊(지금의 산동성) 지역에 책봉되어 제나라의 시조가 됐다. 또 중국 역사상 최초의 병법서이자 통치 방략서인 《육도六韜》를 남겼다(지금 통용되고 있는 《육도》는 전국시대에 정리된 것으로 본다).

주나라가 은나라를 멸망시키고 새로운 나라를 건국하는 데 강태공의 역할은 절대적이었다. 이 때문에 강태공은 시대의 흐름을 읽고 때를 기다릴 줄 알았던 인물이자 군주를 가장 실질적으로 보좌했던 유능한 정치가이자 군사 모략가의 대명사로 꼽히며 '병가兵家의 시조'로 추앙받고 있다.

파란만장했던 강태공의 다양한 경력

강태공의 생애에서 정작 주목해야 할 대목은 그가 다양한 직업을 전전했다는 사실이다. 그의 집안과 경력을 좀 더 알아보자. 동해 바닷가 동이족 출신인 강태공의 집안은 전설시대인 요堯, 순舜 시절에 임금을 보좌한 대신들로 거슬러 올라간다. 하 왕조 때 여呂와 신申 지역을 봉지로 받았고, 그 후 강姜이라는 성을 얻었다. 상 왕조 때는 집안이 몰락하여 평민으로 전락했다. 강태공에 이르러 집안은 거의 천민과 다를 바 없었다. 그는 하는 수 없이 마馬씨 집안의 데릴사위로 팔려갔으나 얼마 되지 않아 처

젊은 날 강태공이 직접 칼을 휘둘러 도축업에 종사했던 모습을 담은 그림.

가로부터 버림을 받았다.

이후 강자아의 인생은 말 그대로 파란만장 그 자체였다. 민간에서 밥장사와 도살업 등에 종사했고, 그마저 여의치 않자 고향을 떠나 상나라의 수도인 조가朝歌 부근으로 이주했다. 여기서 강태공은 이런저런 장사와 종업원 생활을 전전하면서 여러 차례 거처를 옮긴 끝에 상나라의 수도 조가에 술집을 열고 많은 사람들과 접촉했다. 그러다 점쟁이 여상으로 이름을 내기 시작했고, 상나라 조정의 대신인 비간比干을 만나 주紂 임금을 잠깐 섬기기도 했다.

주 임금을 섬긴 짧은 기간에 강자아는 상나라의 상황을 자기 눈으로 직접 확인했다. 그는 이내 그곳을 떠나 자신과 배짱이 맞는 다른 인재들과 교류를 확대했다. 이때 만난 인재들이 산의생散宜生, 굉요閎夭, 남궁괄南宮括 등으로 모두 훗날 주나라 건국에 큰 공을 세웠다.

실질적인 경험에 바탕을 둔 강태공의 통치 방략

일찌감치 천하를 떠돌며 쌓은 다양하고 풍부한 실제 경험을 바탕으로 강태공은 자기만의 통치 방략을 수립했는데, 그의 통치 방략은 간소하고 쉬운 것으로 정평이 나 있다. 주나라 초기 강태공이 제 지역을 봉지로 받아 부임할 당시, 강태공과 함께 주나라 건국에 절대적인 역할을 한 주공周公(무왕의 동생)은 노魯 지역을 봉지로 받아 노나라의 제후가 됐다. 그러나 주공은 중앙 왕실의 중요한 업무를 맡다 보

반계에서 낚시하는 강태공을 그린 청나라 시기 그림. '반계수조'라는 고사성어는 강태공의 이런 모습에서 비롯되었다.

니 자신이 직접 봉지로 가지 못하고 아들 백금伯禽을 대신 보냈다.

백금은 그로부터 3년이 지나서야 주공에게 그간에 노나라를 다스린 상황을 보고하러 중앙으로 올라왔다. 주공이 늦은 이유를 묻자 백금은 "그곳의 풍속과 예의를 바꾸고, 3년 상을 치르느라 늦었습니다"라고 답했다. 반면 제나라로 간 강태공은 이보다 앞서 불과 다섯 달 만에 돌아와 보고를 올렸다. 주공이 왜 이렇게 빨리 왔냐고 묻자 강태공은 "소신은 그저 군신의 예의를 간소화하고 그곳의 풍속과 일처리 방식을 따랐을 뿐입니다"라고 대답했다. 이에 주공은 "어허! 훗날 노나라가 제나라를 섬기겠구나! 무릇 정치란 간소하고 쉽지 않으면 백성들이 가까이하지 않는다. 정치가 쉽고 백성에게 친근하면 백성들이 절로 모여드는 법이다" 하며 한숨을 내쉬었다고 한다. 주공은 강태공과 아들 백금이 보여준 통치 방식의 차이에서 두 나라의 미래를 예견한 것이다.

이 같은 강태공의 통치방략은 《육도》에 일정하게 반영되어 있는데,

참고로 몇 구절을 다음과 같이 인용해본다.

"천하를 얻으려는 것은 마치 들짐승을 쫓는 것과 같아 천하가 모두 고기를 나눌 마음을 가지는 것이며, 또 배를 타고 물을 건너는 것과 같아 물을 건너고 나면 모두 그 이익을 고루 나누고 패하면 모두 피해를 입는 것이다."

"백성들과 더불어 같이 아파하고, 같은 마음으로 일을 이루고, 좋지 않은 일은 서로 돕고, 좋아하는 일에 서로 모이면 군대가 없어도 이기고, 무기가 없어도 공격하고, 참호가 없어도 지킬 수 있다."

"천하는 한 사람의 천하가 아니라 천하의 천하다. 천하의 이익을 함께 나누는 자는 천하를 얻고 천하의 이익을 혼자 차지하려는 자는 천하를 잃는다."

천하의 이익을 백성들과 함께 나누어야 한다는 강태공의 이와 같은 통치 방략은 그로부터 약 400년이 지나 나타난 관중의 '부민부국' 사상과 거의 정확하게 일치한다.

정경합일, 통치와 경제는 둘이 아니다

사마천은 춘추전국시대에서 한나라 무제에 이르는 약 400년 동안 크게 치부한 부자들의 기록인 《사기》 권129 〈화식열전〉에서 강태공의 경제 정책을 두고 다음과 같은 기록을 남겼다.

"옛날 태공망이 영구營丘에 봉해졌는데 땅은 소금기가 많고 인민은 적었다. 이에 태공은 여자들에게 베 짜기를 권하여 그 기술을 최고로 만들고, 물고기와 소금을 유통시키니 물산과 사람이 모여드는데 마치 꾸러미로 동전을 꿰듯, 수레바퀴살이 안으로 모여들 듯했다. 그리하여 제나라의 모자, 허리띠, 옷, 신발이 천하에 퍼졌고, 동해東海와 태산泰山 사이가 (나라들이) 옷깃을 여미고 가서 조회했다."

또 《제태공세가》에서는 "봉국(제나라)에 이른 태공은 정치를 고쳐 그곳의 습속에 따라 예를 간소하게 했다. 상공업을 발전시키고 어업과 소금의 이점을 잘 살렸다. 그러자 인민들이 제로 많이 돌아와 제는 큰 나라가 됐다"고 했다.

경제와 관련한 강태공의 기록은 이상이 거의 전부라서 구체적인 경제 정책이나 사상을 얻어내기는 어렵다. 그러나 강태공 이후 제나라의 발전 상황과 춘추시대 관중의 경제 정책에 투영된 강태공의 그림자를 읽어내기란 그리 어렵지 않다. 젊은 날부터 다양한 상업 활동에 종사했고, 천하 각지를 떠돌며 지역의 특성과 문화에 대한 정확한

최초의 병법서이자 통치 방략서로 알려진 《육도》의 청나라 시기 판본을 찍은 사진.

지식을 바탕으로 제나라에 맞는 정책, 즉 상공업을 장려하여 제나라
를 큰 나라로 만들었다는 논평은 비록 몇 자 되지 않지만 중국 경제
사와 상업사에서 강태공이 차지하는 비중을 아주 함축적이고도 묵
직하게 전하고 있다.

강태공은 병가의 원조로도 잘 알려져 있다. 특히 《육도》는 그의 젊
은 날 경력을 바탕으로 주나라 건국과 제나라 통치로 이어지는 천하
경영의 이치를 피력한 통치 방략서라 할 수 있다. 여기에 제나라를 경
영하면서 상공업을 장려하여 제나라를 큰 나라로 만들었다는 《사
기》의 기록을 합쳐 보면, 강태공은 경제와 정치의 함수관계를 정확하
게 인식했던 최초의 경제 전문가로서 손색이 없다. 천하는 한 사람의
천하가 아니라 모든 사람의 천하이고, 천하의 이익을 함께 나누어야
천하를 얻을 수 있다는 그의 사상은 정치와 경제가 뗄 수 없는 관계

시진핑 주석의 저서와 《평이근인》. 주공이 강태공의 통치를 두고 '정치가 쉽고 백성에게 친근하면' 이라고 말한 구절은 훗날 '평이근인平易近人'이란 사자성어가 되어 회자되었고, 현재 중국을 이끌고 있는 시진핑 주석의 이름인 '근평近平'과도 연결되어 시 주석의 저서 제목으로도 사용됐다.

라는 사실을 무척이나 잘 보여주는 명언이다. 이 관계는 우리가 잘못 알고 있는 '정경유착'과는 엄연히 그 경지와 질을 달리한다. 강태공 이 보기에 정치든 경제든 실질적인 혜택을 누려야 할 대상은 통치자 도, 소수 지배층도 아닌 천하의 모든 사람들이었기 때문이다.

不富無以爲仁불부무이위인, **不施無以合親**불시무이합친

"부유하지 않으면 인의를 베풀 수 없고, 베풀지 않으면 친한 사람을 모을 수 없다."_《육도》, 〈수사守士〉 편

반계수조磻溪垂釣

'반계에서 낚싯대를 드리우다'는 뜻으로 낚시로 대변되는 강태공을 상징하는 고사성어다. 반계는 강태공이 낚싯바늘 없는 낚싯대를 드리운 채 낚시를 즐기던 곳이라고 전해지는 지명으로 오늘날 섬서성 보계시 동남쪽이다. 조선시대 실학자 유형원柳馨遠이 이 지명을 따서 자신이 호로 삼았고, 자신의 대표 저서를 《반계수록磻溪隨錄》이라고 했다. 강태공의 '반계수조'가 지닌 의미를 차용한 것으로 보인다. 유형원이 유배 생활을 보냈던 전라북도 부안에는 반계서당이란 유적지도 남아 있다.

同天下之利者동천하지리자, **則得天下**즉득천하
擅天下之利者천천하지리자, **則失天下**즉실천하

"천하와 이익을 함께하는 자는 천하를 얻고, 천하의 이익을 독차지하는 자는 천하를 잃는다."_《육도》, 〈문사文師〉 편

강태공이 지닌 통치 철학의 핵심은 천하의 이익을 함께 나누는 것이다. 그래서 "천하는 한 사람의 천하가 아니라天下非一人之天下 천하의 천하乃天下之天下也"라는 천고의 명언을 남기기도 했다.

관중,
부민부국이 답이다

꽁시파차이, 중국인의 실용적 경제관

중국인들은 새해 인사로 '신니엔콰이러新年快樂'나 '꽁시파차이恭喜發財'라고 즐겨 말한다. 전자는 '새해를 즐겁게 보내세요'라는 뜻이고 후자는 '돈 많이 버세요'라는 뜻이다. 후자의 인사말은 얼핏 상당히 천박한 인사처럼 들린다. 한 해를 시작하는 첫날 첫인사가 하필 돈 많이 벌라는 말이라니. 하지만 요즘은 우리나라 사람들에게도 이런 인사가 낯설지 않다. 돈이 세상을 지배한다는 말이 실감난다. 어쨌거나 '꽁시파차이'는 중국인의 치부관致富觀, 다시 말해 경제관을 잘 나타내는 말이다.

중국은 사회주의, 즉 공산주의 국가다. 하지만 경제관념이나 돈에 대한 인식은 자본주의를 비웃을 정도로 철저한 면이 많다. 그래서 혹자는 "중국은 공산주의를 실행한 지는 100년이지만 자본주의를 실행한 지는 5천 년이다"라고 말한다. 실제 역사 기록을 봐도 중국식 경제 이론이 정립된 것은 무려 2천 년하고도 수백 년 전이다. 춘추시대에 지금의 산둥 반도 바닷가에 위치했던 제나라는 전통적인 중농주의 대신 중상주의를 국가 경제 정책으로 삼아 당시 수많은 제후국 사이에서 일약 강대국으로 우뚝 설 수 있었다. 이런 제나라 정책 전반을 이끌면서 중상주의 경제 정책을 크게 성공시킨 주인공이 바로 관중(?~기원전 645)이다. 그는 경제와 삶의 질을 결부시킨 최초의 경제학자였다.

'관포지교'의 주인공, 관중

우정의 대명사로 널리 알려진 '관포지교'는 무려 2,600여 년 동안 회자되며 지금까지도 수시로 언급되는 고사성어다. 글자를 풀이하자면 '관중과 포숙鮑叔의 우정'이란 뜻이다. 그러나 이 네 글자에 내재되어 있는 역사 고사와 내용, 의미를 제대로 아는 사람은 드물다.

'관포지교'의 실제 주인공은 관중이고, 그 주인공을 탄생시키는 데 큰 역할을 한 인물은 포숙이다. 이 고사에는 춘추시대 초기 역사와 제나라의 정치 상황 등이 큰 배경으로 자리 잡고 있다. 제나라가 이

두 사람의 사심 없는 우정
과 헌신에 힘입어 춘추시대
최초의 패권국으로 발돋움
하는 극적인 이야기도 깔려
있다.

그런데 '관포지교'에 내재
된 또 하나의 흥미로운 사
실로, 관중이라는 걸출한
정치가가 제나라를 초강대
국으로 끌어올리기 위해 시
행한 놀라운 정책, 특히 경

춘추전국시대 550년의 역사를 다룬 《동주열국지東
周列國志》에 실려 있는 '관포지교'의 주인공(왼쪽부
터 포숙, 관중, 환공, 조말) 삽화.

제 정책을 지적하지 않을 수 없다. 관중의 경제 정책과 경제관은 오늘
날에도 시사하는 바가 적지 않은 만큼 한 걸음 더 들어가 살펴볼 필
요가 있을 것 같다. 먼저 관중의 생애를 간략하게 따라 가보자.

동양의 케인즈, 관중의 앞선 경제관

관중은 기원전 7세기에 춘추시대 초기 지금의 산동성 동부에 위
치한 제나라에서 활약했던 정치가이자 경제 전문가다. 이름은 이오
夷吾, 자가 중仲으로, 대개 자를 따서 관중이라 부르는데, 관경중管敬
仲이라고도 한다. 전하기로는 일찍부터 상업 경영(소규모 장사)에 포숙

과 함께 종사하다가 정치에 관여했다. 당시 제나라 공자 소백小白(훗날의 환공桓公)과 공자 규糾가 국군國君 자리를 다투었는데 관중은 공자 규를 지지했다. 그러나 소백은 국군이 된 뒤 지난날의 허물을 따지지 않고 관중을 중용했으며, 관중 또한 환공을 잘 보좌하여 개혁 정치를 실행했다. 이 과정에서 포숙의 고귀한 배려와 양보로 관중이 제나라의 재상을 맡아 40년 동안 제나라 정국을 주도했다.

정치 면에서 관중은 나라에 각급 군사 조직을 설립하고 사士, 농農, 공工, 상商의 직업을 규정했다. 경제 면에서는 조세 개혁을 실행했고, 농업과 수공업 발전에 유리한 정책을 적극 실시했다.

국내 정치와 경제의 안정과 개선을 이룬 기초 위에 관중은 환공으로 하여금 '존왕양이尊王攘夷'를 기조로 제나라를 따르는 우방국을

산동성 임치臨淄 관중기념관에는 '관포지교' 전시관이 조성되어 있다. 젊은 날의 관중과 포숙이 장사하는 모습을 표현한 조형물을 비롯해 다양한 전시물을 만날 수 있다.

끌어들이는 방침을 적극 권하여 패권을 수립했다. 이른바 '존왕'은 주周 왕실을 받든다는 명분이었고, '양이'는 화하華夏 지구를 침범하는 북방의 융戎과 적狄, 특히 남방의 초강국이던 초楚나라를 막는 정책이었다. 이에 따라 제나라는 기원전 649년 융이 주 왕실을 침범하자 군사를 내어 이를 막는 등 주 왕실을 보좌하는 한편, 이민족의 공격을 받는 주변 제후국들을 구원했다.

관중의 이러한 대내외 정책을 바탕으로 제나라는 주 왕실을 끼고 춘추 제후국들을 호령하는 춘추시대 최초의 패주霸主가 됐다. 이 과정에서 관중은 '부민부국'을 목표로 각종 개혁 정책을 수립하고 이를 실천에 옮겼고 제나라는 명실상부 초강국으로 성장했다. 요컨대 제 환공의 칭패稱霸(춘추오패의 선두주자)는 관중이 주도한 제나라 상업과 대외 무역의 상대적 발전과 대단히 큰 상관관계가 있다. 이렇게 제나라는 각국의 상인들이 몰려들어 자유롭게 교역하는 천하의 중심이 됐다.

관중이 남겼거나 그 문하의 학자들이 정리한 것으로 추정되는 《관자》는 관중 이후 춘추전국시대 제자백가諸子百家로 대변되는 사상가들을 비롯해 정치가, 학자, 경제 전문가 등에게 큰 영향을 미쳤다. 더욱이 관중의 경제 사상과 경제관은 서양의 경제학자 케인즈와 상당히 닮아 있다고 보는 전문가가 있을 정도다. 케인즈가 19세기 사람이니 관중은 그보다 2,500년 이상 앞서 있었다.

노동과 장사에 뛰어든 귀족 출신, 관중

2,700년 가까이 인구에 회자되며 나아가 역대 국가 정책에 알게 모르게 꾸준히 영향을 미쳐온 천고의 명언은 다름 아닌 관중의 입에서 나왔다.

"창고가 차야 예절을 알고倉廩實而知禮節, 입고 먹는 것이 넉넉해야 영예와 치욕을 안다衣食足而知榮辱."

경제가 인간의 의식과 행위까지 결정한다는 명쾌한 지적이 아닐수 없다. 이런 탁월한 인식이 나오게 된 데는 젊은 날 관중의 특이한경력이 자리하고 있다.

사, 농, 공, 상을 표현한 그림. 관중은 신분이자 직업으로서 사농공상을 규정했다.

관중은 귀족 집안 출신이었으나 가세가 기울어 평민과 다름없는 신분으로 떨어졌다. 이에 어린 시절에는 말을 기르는 일에 종사하기도 했다. 성인이 된 다음에는 친구 포숙과 함께 장사를 했는데 당시 상황에 대해 관중은 이런 말을 남겼다.

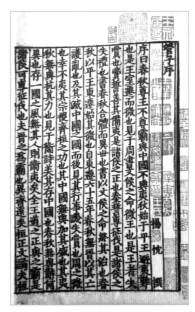

《관자》는 관중의 탁월한 치국방략을 담고 있다. 특히 그의 경제관이 잘 드러나 있다. 사진은 《관자》의 판본.

"내가 당초 곤궁할 때 포숙과 장사를 했다. 이익을 나누면 내가 많이 가져갔다. 포숙은 내가 욕심이 많다고 여기지 않았는데 내가 가난하다는 것을 알았기 때문이다."

이렇게 관중은 젊은 날부터 노동과 장사에 직접 뛰어들어 하층민 생활을 경험하고, 이런 경험을 통해 나라를 제대로 잘 다스리려면 백성들의 생산과 생활 문제를 먼저 해결해야 한다는 것을 체득했다. 그리고 이 과정에서 그의 지음知音 포숙은 관중의 능력과 재능을 알아보았고, 그를 위해 중요한 고비마다 자신에게 돌아올 자리와 부를 관중에게 양보하는 고귀한 정신을 보여주었다. '관포지교'는 이런 배경에서 탄생한 것이다.

國侈則用費국치즉용비, 用費則民貧용비즉민빈

"나라가 사치하면 비용이 헤프고, 비용이 헤프면 인민이 가난해진다."
_《관자》〈팔관八觀〉편

관중이 말하는 '나라'란 통치자를 가리킨다. 즉, 통치자가 사치하면 이를 충당할 비용 마련을 위해 세금을 더 거둘 수밖에 없고, 세금이 많아지면 백성은 당연히 가난해진다. 여기에 기득권을 가진 특권층들이 온갖 간교한 방법으로 세금을 피하고 부를 축적하니 백성들은 더 가난해진다.

得人之道득인지도, 莫如利之막여리지

"사람의 마음을 얻는 방법으로 이익이 돌아가게 하는 것보다 나은 것은 없다." _《관자》〈오보五輔〉편

사람을 얻기 위한 가장 좋은 방법은 그 사람을 물질적·정신적으로 이롭게 해주는 것이다. 이 대목에 이어지는 내용을 아래에 함께 인용해둔다.

"인민을 이롭게 해주기로는 가르침만 한 것이 없다. 따라서 정치를 잘하는 사람은 논밭을 개간하여 나라를 튼실하게 하고, 조정을 안정시켜 관부를 다스리고, 법을 공정하게 집행하여 사사롭게 어긋나지 않게 하고, 창고는 가득 채우되 감옥은 텅 비게 하며, 현명한 사람을 불러들여 간사한 자들을 물러나게 한다."

관중,
이민과 부민의 전제 조건

춘추시대 초기 단연 천하를 주름잡았던 제나라는 바로 관중과 포숙의 나라였다. 훗날 제나라 땅을 직접 찾은 사마천은 한때 천하를 호령했던 제나라 상황을 두고 이렇게 말했다.

"내가 제에 갔는데 태산泰山부터 낭야琅琊에 이르기까지, 그리고 북으로 바다에 이르기까지 기름진 땅이 2천 리였다. 사람들은 활달하고 꾀를 많이 감추고 있었는데 그들의 천성이었다. 태공(강태공)의 성스러운 덕으로 나라의 근본을 세웠고, 환공(관중과 포숙 때의 국군)의 강성함으로 선정을 닦아 제후들과 회맹하여 패자라 칭했으니 당연한 것 아니겠는가? 한없이 넓구나, 참으로 큰 나라의 기풍이!"

한 나라의 부강함을 이끌어내는 요소는 여러 가지가 있겠지만 전통적으로 천시天時, 지리地理, 인화人和를 꼽는다. 천하의 정세와 그 나라의 환경과 조건, 그리고 인재다. 관중이 살던 당시의 제나라는 춘추시대라는 격변기에 처해 있던 '구구지제區區之齊(자그마한 제나라)'였다. 바닷가의 작은 나라였지만 개국조 강태공의 치국 방략에 기초한 중상주의 경제 정책을 이어받아 국력을 키워왔다. 여기에 관중이라는 걸출한 인재가 등장하여 탁월하고 치밀한 경제 정책을 펼쳤다. 이제 한 걸음 더 들어가 지금으로부터 약 2,700년 전 관중이 시행한 중요한 정책들을 살펴보자.

계층이 뒤바뀌는 격변기의 내정 개혁

춘추시대는 사회 모든 분야, 특히 계층의 변동이 본격화되는 격변기였다. 특히 당시 경제와 산업의 기반이었던 농업의 변화는 산업 구조 전체를 흔들었다. 기존의 지배 계급을 위해 이른바 공전公田에 투입되어 농사짓는 요역 노동자 중심의 농업에서 집단 농노農奴를 이용한 자가 영농으로 급변하면서 공전은 황폐화되었고 토지 쟁탈전이 격화됐다. 이로 인한 계급 간 갈등과 투쟁은 빈번한 정변으로 표출됐다(관중이 활동하던 기원전 7세기에만 40명 이상의 국군이 피살되거나 쫓겨났다).

이런 천하 형세를 관중은 그냥 보아 넘기지 않았다. 제나라의 산업 구조를 전면 재조정하는 한편 이와 동시에 내정 개혁에 착수했다. 먼저 농업 생산과 발전을 안정적으로 확보하는 것으로 수산업과 상공업에 지나치게 의존하여 다소 불안했던 산업 구조를 개선했다. 또한 무엇보다 조세 정책에 주목했다. 종래의 강제적인 세금 징수는 납부 거부를 초래하기 일쑤였다. 특히 주택, 토지(농지), 가축, 호구 같은 기초생활 근거에 대한 세금 징수는 신중을 기하지 않을 수 없었다. 이에 관중은 소금과 철의 국가 전매를 통해 재정 확보에 주력했다. 재정이 확보되자 관중은 기본적으로 '무세無稅'를 조세 정책의 기조로 삼고, 유통을 통한 전매 이익을 실질적 세금 징수의 원천으로 삼는 획기적인 경제 정책으로 전환을 꾀했다.

대외 무역을 제1국책으로 삼다

내정 개혁과 국내 산업 구조를 안정적으로 변모시킨 관중은 근본적인 국부 창출이 대외 무역에 있다는 점을 정확하게 인식하고 국가가 주도하는 대외 무역에 적극 나섰다.

먼저 다른 제후국들과 무역을 벌이되 그에 따른 각종 정책과 규제는 최대한 느슨하게 마련했다. 외국 상인들과의 상품 교역을 적극 유치하여 자유롭게 국경을 넘나들게 하면서도 세금을 받지 않았다. 또한 상인들의 편의를 위해 30리마다 역참을 설치하여 운송 수단과 음식 등을 제공하고 객사도 마련해줬다. 좀 더 구체적으로 살펴보면, 네

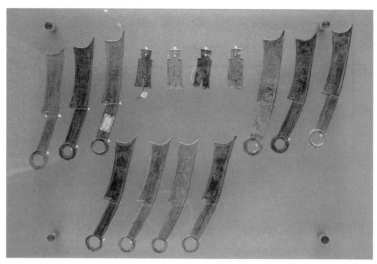

손칼 모양을 한 청동 화폐인 '명도전'은 제나라 화폐로서 춘추시대 당시부터 이후 오백 년 가까이 천하에 유통되었다.

마리 말이 끄는 수레 한 대, 즉 1승의 마차에 물건을 싣고 오는 상인에게는 본인의 식사를 제공하고, 3승을 끌고 오는 상인에게는 식사와 말 사료를, 5승은 여기에다 수행원의 음식까지 제공했다. 그러자 '천하의 상인들이 모두 물이 흐르듯 제나라로 들어오는天下之商賈歸齊若流水' 현상이 나타났다.

다른 나라와 교역 마찰이 일어날 수 있다는 점을 염두에 두고 관중은 두 차례의 회맹을 통해 관세율을 낮추는 국제 정치력까지 발휘했다. 나아가 제나라의 경제력으로 타국의 산천을 개발하여 이를 다시 교역에 이용하는 놀라운 경제적 수완을 보였다. 이른바 '자유무역 세계화'의 선구자라고 해도 무방할 만큼 개방적이고 자유로운 경제 정책을 실천한 것이었다. 교역의 편의를 위해 도로를 개선하고 관련 도량형을 규정했으며, 당시 기축통화 역할을 했던 화폐인 '명도전明刀錢'을 주조하여 천하에 유통시켰다.

타국의 상인을 활용하는 통 큰 외교

제나라의 대외 무역에는 중계 무역의 형태도 보인다. 관중은 동쪽의 래이萊夷 지역의 소금을 수입하여 다른 곳에 다시 수출하는 방식 등으로 자국의 대외 무역 규모와 영향력을 확대했다. 당시 래이는 지리적 위치상 제나라를 통해야만 자국의 특산 소금을 교역할 수 있었는데, 관중은 이런 조건을 충분히 활용하여 제나라의 경제력과 국제

제나라는 오늘날 산동성에 위치해 있었다. 사진은 산동성 임치 관중기념관 앞에 조성되어 있는 관중의 석상.

사회에 대한 영향력을 확대했다.

국제 가격에 맞추어 상품의 국내 가격을 조정하는 가격 정책도 선보였다. '천하고즉고天下高則高, 천하하즉하天下下則下', 말하자면 국제 가격이 오르면 국내 해당 상품가를 내려 국제 가격과 수급을 조절하는 것이다. 천하의 경제와 제나라 경제가 별개가 아니란 것을 잘 알았기 때문이다.

대외관계와 외교에도 상업과 경제를 이용했다. 오늘날의 용어로 표현하자면, '상전商戰' 또는 무역 전쟁이라 할 수 있는데 다음의 사례가 이를 잘 보여준다. 당시 이웃한 노魯나라와 중원의 위衛나라가 제나라에 맞서는 일이 잦았다. 이에 관중은 양국의 방직업에 주목하여 제나라 사람들에게 이 두 나라의 옷감을 사서 입도록 했다. 제나라 방직업을 포기한 것이다. 그러고는 두 나라 상인을 불러 금 300근으로 양국의 옷감을 고가에 사들였다. 그러자 노와 양 두 나라 농민들이 농사는 팽개친 채 방직업에 열을 올렸고 두 나라의 옷감 생산력이 급속히 증가했다. 그러나 두 나라는 곧 식량난에 직면했고 곡물 가격이 폭등했다. 제나라는 그 사이에 곡식을 증산했으나 수출은 금지했다. 결국 양국의 백성들이 앞다퉈 제나라로 도망쳐왔고, 양국은 결국 제나라에 굴복할 수밖에 없었다.

관중은 대외 무역을 기조로 한 경제 정책에서 천하 정세에 대한 정보의 중요성을 처음으로 인식한 인물이기도 하다. 각국의 정보를 수집하기 위해 관중이 관상官商을 이용했다는 기록이 단편적으로 보인다. 각국의 상황을 정확하게 파악하여 국제 정세에 대처하고 나아가

이를 대외 무역에 필요한 고급 정보로 활용하는 남다른 안목과 정책을 구사한 것이다. 정보의 중요성을 인식하고 여기에 각국을 자유롭게 넘나드는 상인들을 활용하는 놀라운 방법과 정책을 창안했다. 그리고 더 나아가 타국의 상인들까지 활용하는 통 큰 정책도 함께 구사했다.

예의와 염치를 아는 부가 진정한 부다

"창고가 차야 예절을 알고, 입고 먹는 것이 넉넉해야 영예와 치욕을 안다."

다시 인용해보는 이 명언의 주인공이 바로 관중이다. 이 명언은 무

고대 중국 역사상 최고의 경제 사상가로 꼽히는 관중의 무덤.

《관자》에는 관중의 경륜과 사상이 한데 녹아
들어 있다. 사진은 《관자》 〈목민〉 편 첫 부분.

려 2,700년 가까이 전 세계에서 두루 인용되고 있다. 이 말의 이면에는 '가난한 백성을 국가가 통치할 수 없다'는 뜻이 함축되어 있다. 백성을 못살게 해놓고 나라에 충성하길 바랄 수 없기 때문이다.

관중은 나라가 백성들의 의식주와 문화 수준을 어느 정도까지 끌어올리는 정책을 실행할 수 있어야만 백성들이 정신적으로 성숙하고 통치를 따른다고 봤다. 이렇게 되면 나라를 떠받치는 네 기둥, 즉 '사유四維'가 세워진다고 했다. 이것이 바로 예禮, 의義, 염廉, 치恥다.

'예'란 도를 넘지 않는 자세와 태도를 가리킨다. '의'란 스스로 잘난 척하지 않고 이치에 맞게 행동한다는 뜻이다. '염'이란 자신의 잘못된 점을 숨기지 않는 깨끗함이고, '치'는 남의 잘못된 언행을 따르지 않는, 다시 말해 부끄러워 할 줄 아는 것이다. 이렇게 관중은 이 '사유'의 기본 전제를 넉넉한 물질적 생활로 본 것이다.

이 '사유'가 바로 서면 통치자의 지위가 안정되고, 백성들이 서로를 교묘히 속이려 하지 않으며, 행동이 반듯해지고, 부정한 일이 생기지 않는다. 그러기 위해서는 백성들의 생활을 책임지는 정치와 정책이 필요하고, 정치와 정책이 순조롭게 시행되려면 민심을 따라야 한다. 관중은 이를 다음과 같은 '사순四順'이란 말로 표현한다.

"백성은 근심과 고생을 싫어하니 통치자는 그들을 즐겁게 해줘야 한다. 백성은 가난과 천함을 싫어하니 통치자는 그들을 부유하고 귀하게 해줘야 한다.
백성은 위험에 빠지는 것을 싫어하니 통치자는 그들을 안전하게 만들어줘야 한다.
백성은 자신들의 죽음과 후손이 끊기는 것을 싫어하니 통치자는 그들이 수명을 누리고 대를 이을 수 있도록 해줘야 한다."

관중은 민심에 따르는 '순민심順民心'을 백성을 이롭게 하고 부유하게 하는 '이민利民'과 '부민富民'의 전제 조건으로 봤다. 이렇듯 그에게 경제와 정치는 결코 둘이 아니었다. 백성들의 더 나은 삶의 질을 위해 상호 보완적인 역할을 해야 하는 자동차 앞뒤 바퀴와도 같은 관계였다.

사마천이 높이 산 관중의 참신한 경제관

사마천은 "관중이 국정을 맡아 제의 상이 되어 바닷가의 작은 제나라를 화물이 서로 통하고 재화가 쌓이는 부유한 나라, 강한 군대의 나라로 만들고 백성들과 좋고 싫음을 함께했다"고 평가하면서 다음과 같은 관중의 말을 인용했다.

"창고가 차야 예절을 알고, 입고 먹는 것이 풍족해야 영예와 치욕을 알며, 위에서 법도를 지키면 육친이 굳건해진다. 예의와 염치가 느슨해지면 나라가 망한다. 아래로 내리는 명령은 물이 땅으로 흐르듯 민심에 따라야 한다."

그러고는 관중의 정책과 그 결과를 다음과 같이 평가했다.

"이렇게 해서 말은 간결하고 실행은 쉬워졌다. 풍속이 하고자 하는 대로 그에 맞춰주었고, 풍속이 원치 않으면 그에 따라 없애주었다. 관중은 국정을 수행하면서 화가 될 것도 복이 되게 하고, 실패할 것도 성공시켰다. 물가를 중시했고 거래를 신중하게 처리했다. 관중은 공실보다 더 부유했으나 제나라 사람들은 그가 사치스럽다고 여기지 않았다. 관중이 죽고도 제나라는 그 정치를 준수하여 늘 제후들보다 강했다."

관중의 경제관은 지금 봐도 참신하고 어떤 면에서 충격적이기까지 하다. '부민부국'을 기조로 한 관중의 경제 정책과 그 결과가 만신창이가 된 우리의 경제 정책을 되돌아보게 하기에 충분하기 때문이다.

財聚則民散재취즉민산, 財散則民聚재산즉민취

"재부가 위로 몰리면 인민은 흩어지고, 재부가 아래로 흩어지면 인민이 모여든다."_《예기禮記》〈대학大學〉편

부가 소수의 가진 자들에게 집중되면 백성들의 마음이 흩어지고, 반면 부가 아래로 널리 고루 돌아가면 백성들의 마음이 모여 민심이 돌아온다는 지적이다. 부와 권력이 소수에게로 집중되면 온갖 모순이 터져 나올 수밖에 없다. 재부는 가능한 한 많은 사람에게 돌아가야 이를 가지고 좀 더 적극적인 경제 활동에 나설 수 있다. 고용 창출도 뒤따른다. 사람의 적극성보다 더 크고 중요한 재산은 없기 때문이다.

微管仲미관중, 吾其被髮左衽矣오기피발좌임의

"관중이 없었더라면 우리는 아직도 오랑캐처럼 머리를 땋지 않고 옷을 외로 입고 있었을 것이다."_《논어》〈헌문〉편

공자는 관중에 대해 묻는 자공의 물음에 이렇게 말하며 제도와 문물을 정비한 관중의 업적을 높이 평가했다.

현고,
나라를 구한 상인

기원전 7세기에 들어 서방에서 강대국으로 발돋움하고 있던 진秦나라는 끊임없이 동방 진출을 꾀했다. 이른바 중원의 선진 문물과 인재들을 적극 원했기 때문이다. 진나라의 이러한 용트림은 천하 정세에 적지 않은 영향을 줄 수밖에 없었고, 그 중심에는 진나라의 야심찬 군주 목공穆公(기원전 659~기원전 621 재위)이 있었다.

진나라의 동방 진출은 무엇보다 동서남북 사방으로 통하는 길목에 위치한 약소국 정鄭나라에게 큰 위협이 됐다. 한때 중원의 요충지를 차지하고 큰 위세를 떨쳤던 정나라는 장공莊公(기원전 743~기원전 791 재위) 이후 쇠퇴를 면치 못하고 있었다. 그러던 중 기원전 627년 진나라가 정예병을 거느리고 정나라 기습을 위해 움직이기 시작했다.

현고호사, 진나라 군대에게 음식을 대접한 현고

　진나라 군대가 정나라 서쪽에 있는 주周와 활滑을 지날 때까지도 정나라는 전혀 모르고 있었다. 이때 정나라 상인 현고가 낙양洛陽으로 장사를 하러 가다가 진나라 군대와 마주쳤다. 위기를 직감한 현고는 정나라 도성으로 급히 사람을 보내 이런 상황을 알리는 한편, 자신이 직접 소 열두 마리를 이끌고 용감하게 진나라 군대를 찾았다.

　진나라 장수는 느닷없는 현고의 출현에 놀라 무슨 일이냐고 물었다. 현고는 침착하게 "우리 정나라 국군께서 진나라 군대가 이곳을 지난다는 사실을 아시고는 특별히 저를 보내 위문하게 하셨습니다. 잠시 쉬어가겠다면 먹을 것을 준비하여 초대하겠고, 쉬지 않겠다면 우리가 하룻밤 보초를 맡아 길을 안내하겠다고 하셨습니다"라고 대답했다. 한편 현고의 기별을 받은 정나라는 만반의 준비를 갖추었다.

　이에 진나라 장수들은 정나라가 이미 공격에 대비할 준비를 했을 것이고, 자칫하면 앞뒤로 포위당할 위험까지 있으니 서둘러 돌아가는 쪽이 낫겠다고 결론을 내렸다. 진나라 장수는 현고가 몰고 온 소 열두 마리를 받아들이면서 정나라를 공격하려는 것이 아니라고 둘러대고는, 돌아가는 길에 활滑나라만 멸망시켰다.

　현고의 용기와 재치 있는 대응이 정나라를 절체절명의 위기에서 구해낸 유명한 이 사건은 훗날 '현고호사'라는 고사성어로 정착하여 지금까지 상인이 나라를 구한 미담으로 전해오고 있다.

상인에게 관대했던 약소국 정나라

정나라의 일개 상인 현고가 나라를 위기에서 구한 이 사건은 의외로 상당히 심각한 정보들을 적잖이 알려준다. 우선 약소국 정나라가 당시 처한 상황을 배경으로 이해해야 한다. 정나라는 춘추시대 제나라 이후 경제와 상업에서 두각을 드러냈다(이는 강태공, 관중을 통해 살펴봤다). 앞서 언급한 대로 정나라는 지리적으로 상업과 교통의 중심이었던 반면 제나라와는 달리 국력이 약하고 자원이 풍부하지 못했다. 즉, 각국의 경제 교류를 연계할 수 있는 고리로서 지리적으로 유리한 위치에 있었지만 국력이 그만큼 뒷받침해주지 못했다는 뜻이다.

이런 조건과 한계를 타개하기 위해 정나라는 경제 정책, 특히 상인에 대한 정책을 달리했다. 우선 이런 지리적 조건에서 배출될 수밖에 없었던 상인들, 그중에서도 경험이 풍부한 상인들의 인프라에 주목했다. 그런 다음 이런 상인들을 나라가 나서서 적극 보호하고 정책으로 뒷받침했다. 이를 위해 정나라 집권자들은 상인들과 맹약盟約을 체결했다. 맹약은 춘추시대에 이루어진 나라 간 중대한 약속을 말하는데, 정나라는 상인들과 이런 약속 행위를 실천한 것이다.

맹약의 주요 내용은 상인이 공실公室(집권자이자 곧 정나라)을 배신하지 않는 한 공실은 상인의 물건을 강제로 빼앗지 않으며 경영에도 간여하지 않는다는 것이었다. 역사상 집권자와 상인이 맺은 최초의 계약이었다. 이로써 정나라는 상인들의 적극적인 도움으로 지방을 개발하고 황무지를 개간하여 경제와 산업을 크게 발전시킬 수 있었다.

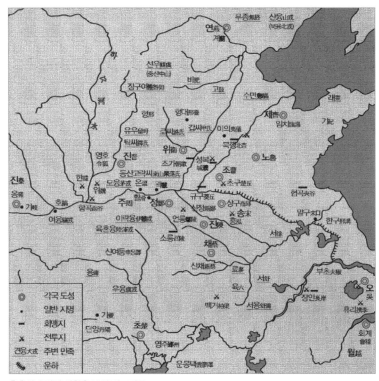

춘추시대 당시 상황을 보여주는 지도.

정나라 상인들의 활약상과 활동 규모

정나라 상인들의 활약은 이후로도 더욱 눈부시게 펼쳐졌는데, 기원전 597년 정나라 북쪽에 있는 강대국 진晉나라 귀족 순앵荀罃이 초나라 군대에 잡혀 초나라 감옥에 갇히는 사건이 있었다. 그로부터 9년 뒤인 기원전 590년 초나라에 장사를 하러 온 정나라 상인(이름은 남아 있지 않다)이 순앵을 자신의 화물에 감추어 탈출시키려는 계획을 세웠다. 이 비밀 작전은 실행되지 못했지만 어떤 연유에서인지 초나라는 순앵을 석방했다.

그 뒤 이 상인이 진나라에 장사를 하러 오자 순앵이 이 상인을 모셔 특별 대접을 하고자 했다. 그러자 상인은 "제게 별다른 공이 없는데 이런 대우를 감히 받을 수 없습니다. 소인이 이런 후한 대접을 받아 군자의 체면을 상하게 할 수 없습니다"라고 하고는 제나라로 발걸음을 옮겼다. 당시 정나라 상인들의 위세를 잘 보여주는 일화다.

그런데 여기서 우리는 이 사건이 던지는 의의를 생각해볼 필요가 있다. 우선 정나라 상인들의 활동 범위와 규모가 상당히 넓고 컸다는 사실이다. 즉, 이 상인은 정나라―초나라―진나라―제나라를 오가며 장사를 할 정도로 활동 범위가 넓었다. 또 진나라 귀족을 감옥에서 빼내려고 할 정도로 상인의 재력과 관계망이 대단했다는 점이다. 특히 관계망은 여러 나라 통치권에까지 선이 닿을 정도였다. 이런 사례들은 궁극적으로 상인에 대한 정나라의 정책이 얼마나 선구적이었는가를 의미한다.

상인은 자유로울수록 많은 성과를 낸다

사방팔방에서 적을 맞이해야 하는, 이른바 '구주九州의 목구멍'인 '구주인후九州咽喉' 같은 정나라의 집정자들은 자국 상인들의 정치, 경제상의 지지와 지원이 절실했다. 그래서 맹약이 가능했던 것이다.

춘추시대 초기 정나라 상인들은 어떤 나라의 상인보다 정치상 유리한 지위에 있었고, 그것이 현고의 출현을 가능하게 했다. 현고가 목숨을 무릅쓰고 나라를 구한 배경에는 바로 이런 점이 작용했다.

현고의 기지와 용기로 나라가 위기에서 벗어나자 정나라 목공은 현고에게 큰 상을 내렸다. 그러나 현고는 이를 사양하고 자신의 가축과 무리들을 데리고 동이東夷로 가서는 돌아오지 않았다고 한다. 현고가 동이 지역에서 어떤 활동을 펼쳤는지는 알 수 없지만 한 가지 분명한 사실은 당시 정나라 상인들의 자유로움이었다. 즉, 정나라 상인들은 당시로서는 상상하기 어려울 정도의 자유를 가진, 즉 자유 경영권을 가진 개인 신분이었다는 사실이다. '현고호사'에서 우리가 가장 눈여겨봐야 할 대목이 바로 이 '상인의 자유성'이다.

기지를 발휘해서 정나라를 위기에서 구해낸 애국 상인 현고의 초상화와 소상. 현고는 나라가 위기에 처하거나 망하면 상인에게도 큰 손해라는 사실을 누구보다 잘 인식하고 있었다.

춘추시대 초기 약소국인 정나라는 나라가 생존하고 발전하기 위해서는 지리적 이점을 최대한 살려야 하고, 그러기 위해서는 무엇보다 상인들을 보호해야 한다는 점을 인식했다. 이렇게 해서 당시 '공인과 상인을 모두 관청에 소속시키는' 기존의 낡은 공상식관工商食官 제도를 처음으로 타파하고 상인들에게 자유 경영권을 부여하는 맹약을 맺었다. 이런 국가의 정확하고 올바른 정책적 뒷받침이 현고라는 애국 상인을 탄생시켰던 것이다. 정나라는 현고를 통해 상업과 경제에서 가장 중요한 '불간섭, 비규제, 상호 존중'의 원칙을 역사상 최초로 실천해 '상인은 자유로울수록 많은 성과를 낸다'는 사례를 증명했다.

● 명언·명구

현고호사弦高犒師

"현고가 음식을 보내 군대를 위로한다."

상인 현고가 순간의 기지로 조국 정나라를 구한 '현고호사'라는 고사와 성어는 대대로 많은 사람들의 입에 오르내렸다. 여기서 음식이란 다름 아닌 현고가 장사를 위해 끌고 가던 소牛를 말한다. 자신의 소를 진나라 군대에게 바쳤다는 뜻이다. 현고가 진나라 군대를 물러가게 했기 때문에 이 고사는 또 '현고가 (진나라) 군대를 물리쳤다'는 '현고퇴사弦高退師'나 '현고가 나라를 구했다'는 '현고구국弦高救國' 등으로 변용되어 쓰이기도 한다. 어느 쪽이든 모두 애국 상인 현고의 용기와 기지를 칭송하는 고사이자 성어다.

등석,
역사상 최초의 경제 전문 변호사

춘추전국시대는 중국 역사상 가장 활기에 찬 시기였다. 특히 수많은 사상가들이 앞다투어 자기주장을 펼치는 백가쟁명百家爭鳴으로 대변되는 제자백가諸子百家의 출현은 중국사를 더욱 풍부하게 만들었다.

이런 제자백가 중 그다지 주목받지 못한 일가로 명가名家가 있다. 지금으로 보자면 논리학에 가까운 학파로서 변론가辯論家 또는 형명가刑名家로도 불렸다.

명가가 형명가라고 불린 데는 춘추전국 당시 각국이 제정한 법률과 깊은 관련이 있다. 법이 제정되어 공표되면서 가장 큰 타격을 받은 것은 수구 기득권 귀족 세력이었다. 반대로 일정한 땅을 가진 자영 농지주와 서민, 상인 계층은 권익을 보호받게 됐다.

법의 제정과 공표는 이 법을 제대로 이해하고 따질 줄 아는 전문가를 필요로 했다. 철저한 논리로 무장한 명가가 법 전문가로 자연스럽게 떠올랐다. 이런 점에서 명가는 법가法家와도 밀접한 관련이 있다.

너도 옳고 너도 옳다

춘추시대 어느 여름, 정鄭나라 일대에 폭우가 몰아쳐 하천이 범람했다. 홍수가 마을을 덮쳐 마을 전체가 물에 잠기기까지 했다. 그러다 보니 이런저런 물건들이 하류로 많이 떠내려 왔다. 사람들은 비가 그치자 강가로 나가 떠내려 오는 물건들을 건져 올려 쓸 만한 것들을 챙겼다.

하류 쪽 마을에서 자린고비로 이름난 갑부 하나는 뭐가 아쉬운지 날마다 하류 쪽을 어슬렁거리며 갈고리로 떠내려 오는 물건을 건져 가곤 했다. 그날도 이 갑부는 긴 작대기에 갈고리를 꽂고는 강가 큰 바위에 앉아 한 건 올릴 준비를 하고 있었다. 얼마를 기다렸을까. 제법 큰 문짝 하나가 떠내려 오는 것을 발견한 갑부는 허리를 굽혀 갈고리로 문짝을 끌어당겼다. 그러나 순간 문짝의 무게를 이기지 못한 갑부는 그대로 강물 속으로 빨려들고 말았다. 뒤늦게 달려온 식구들이 비명을 질렀지만 갑부는 물살에 휩쓸려 사라진 뒤였다.

갑부의 시체는 좀 더 하류로 떠내려가다가 어떤 건달이 뭍으로 건

져냈다. 갑부의 신원을 확인한 건달은 물에 불긴 했지만 이 갑부의 시신이 돈이 되겠다고 직감하고는 시체를 떠메고 집으로 돌아왔다. 그러고는 갑부의 가족들에게 "시신을 가져가려거든 천 냥을 내라"고 했다. 갑부의 가족들은 가격을 흥정하려 했지만 건달은 천 냥이 아니면 시신을 건네줄 수 없다고 버텼다. 갑부의 가족들도 물러서지 않았다.

시신이 썩어가자 초조해진 갑부의 가족들은 총명하기로 이름난 등석鄧析을 찾았다. 등석은 양쪽이 모두 너무하다고 생각했다. 하지만 우선은 건달이 결국 시신을 팔지 않겠느냐며 갑부의 가족들을 안심시켰다. 갑부의 가족들은 등석의 말에 일리가 있다고 생각했다. 이 소식을 전해 들은 건달도 초조해져서 등석을 찾았다. 등석은 건달에게도 "서두를 필요가 없소. 어쨌거나 그 가족들은 시신이 있어야 장례를 치를 테니까요"라며 안심을 시켰다.

갑부의 가족들은 시신의 값이 떨어지길 기다렸고, 건달은 제값 받길 기다렸다. 그러길 또 며칠이 지나자 기다리다 못한 갑부 가족과 건달은 등석을 사기꾼이라며 관가에다 고발했다. 관가에 출두한 등석은 자초지종을 말했고, 담당관은 최소한의 인륜마저 저버린 것은 물론이거니와 이런 말도 안 되는 일로 관가를 모욕한 건달과 갑부의 가족들에게 각각 곤장 30대를 치라는 판결을 내렸다. 등석은 이들이 자신을 고발하길 기다렸던 것이다.

백성을 보고 정치를 하는 명가, 등석

이 설화에 등장하는 총명한 인물이 명가의 선구자로 춘추 후기 정나라에서 활동한 등석(기원전 약 545~기원전 501)이다(기원전 551년에 태어난 공자와 거의 동시대의 인물이다). 민간 출신으로 그는 《등석자鄧析子》라는 책을 남겼는데, 이 책에서 등석은 아주 남다른 정치적 주장을 펼쳐서 주목을 받았다. 우선 그는 '천우인무후天于人無厚, 군우민무후君于民無厚'를 주창했다. '하늘이 사람을 대할 때 차별이 없고, 군주가 인민을 대할 때 차별이 없다'는 뜻이다. 그는 이런 인식을 바탕으로 한 걸음 더 나아갔다. 신흥 상인과 지주의 이익을 대변하는 또 다른 군주를 세워야 한다고 하면서 '백성을 보고 정치를 하고 정책을 내는視民而出政' '명군明君'을 거론하기까지 했다.

당시 정나라는 정자산鄭子産이 주도하여 법을 제정했기 때문에 정자산을 가리켜 법가 학파의 선구자로 꼽는다. 정자산이 당시 새로운 계층으로 떠오르고 있던 상인과 지주 나아가 일반 서민의 중요성을 자각하고 그들의 이익을 대변했는지에 대해서는 논란이 있다. 하지만 등석이 상인과 지주의 이익을 대변한 것에는 전혀 이론이 없다. 따라서 상인과 지주, 서민의 이익과 이를 대변하는 문제라면 등석에게서 시작할 수밖에 없다.

등석은 정나라 본토 출신으로 당시 개인 교육을 가장 먼저 제창한 사람이기도 했다. 그가 제정한 새로운 형법(법률)은 백성들에게 아주 커다란 영향을 주었다. 그는 당시로서는 혁신적인 법 개념을 바탕으로 신흥 상인들의 이익을 대변하다가 결국 정나라의 수구 기득권 세력에게 피살당했다. 정자산이 죽은 지 정확하게 20년 뒤였다.

새로운 법을 만들고 백성에게 소송을 가르치다

앞서 상인 현고를 이야기하면서 정나라 상인의 지위를 언급했다. 정나라 상인의 지위는 정자산의 법 제정과 개혁을 통해 상당히 향상되기는 했지만, 부가 권력을 보장해주지는 못했다. 법적 보호도 불충분했다. 이에 등석은 "군주의 명을 받지 않고 사사로이 형법을 만들어 죽간에 써서는 '죽형竹刑'이라는 이름을 붙였다."

등석이 제정한 '죽법'은 기존의 법률을 참조하고 분석하여 재야, 즉 상인, 지주, 서민의 입장을 대변하는 새로운 법이었다. 그는 이 법을 만들고는 상인, 지주와 서민들에게 법과 소송을 가르치기 시작했다. 기록을 분석해보면 등석에게 법과 소송을 배운 사람들은 대부분 신흥 상인과 평민들이었다. 사람들은 이런 등석을 송사訟師(소송의 선생, 소송의 대가)라고 불렀다. 등석은 백성들이 관청에 맞서 소송하는 것을 적극 도왔다. 세계 최초의 경제 관련 소송 전문 변호사인 셈이다.

등석은 '같은 죄인데 처벌이 다르면 법이 아니다'라며 법의 평등성과 공정한 집행을 특별히 강조했다. 법령으로 백성들을 번거롭게 하고 정치가 백성을 힘들게 하는 것을 극력 반대했다. 백성들은 등석의 출현에 환호했고 앞다투어 그에게 법을 배우려 했다(기록에 따르면 등석은 소송에 따른 수임료로 큰 소송이면 옷 한 벌, 작은 소송이면 저고리나 바지를 받았다고 한다).

등석의 출현과 활약은 반대로 수구 기득권 귀족 세력과 통치 계급에게는 큰 위협이었다. 자신들의 경제적 이익은 물론이고 정치권력까지 위협했기 때문이다. 이에 지배층은 등석에게 "그른 것을 옳다 하고, 옳은 것을 그르다고 하여 옳고 그름의 척도가 없다. 또 되고 안 되고가 수시로 변한다"는 구실을 붙여 결국 처형했다.

등석은 중국 상인의 역사와 경제사를 살필 때 새삼 주목해야 할 인물이다. 그는 새롭게 떠오르는 신흥 상인과 자유 상인의 권익을 보장하기 위해 법률로 무장하여 이들 대신 귀족과 관청에 맞서 소송을 대행했으며 그랬기에 기득권의 권익을 건드렸다는 이유로 결국 목숨까지 잃었기 때문이다.

죽법을 제정하고 등석은 상인과 지주를 비롯해 서민들에게도 이를 가르쳤다. 그림은 등석에게 법을 배우며 깨우치고 있는 백성들의 모습.

죽형竹刑

춘추 시기에 법률 제도는 큰 변혁을 겪었다. 각국 제후들이 너나 할 것 없이 성문법을 반포하여 사유재산을 보호하려 했는데, 죽형도 그중 하나였다. 죽형은 새로 일어나는 지주 계급의 요구와 이익에 맞추어 등석이 개인적으로 편찬한 법전으로, 죽간竹簡에다 써서 죽형이라고 불렀다.

죽형의 출현은 커다란 진보였다. 그 전까지 성문법들은 모두 큰 세발솥에 주조하여 널리 알려지기에 몹시 불편했던 탓이다. 반면에 등석의 죽형은 갖고 다닐 수도 있어 매우 편리했다.

죽형은 처음에는 법률적 효력을 갖지 못했으나 등석이 정나라 기득권 권력자들에게 피살된 이후 국가 법률로 인정됐다. 정나라 권력자들도 법률 제정의 불가피성과 죽형의 편리함을 결국 인정할 수밖에 없었던 것이다.

공자,
빈부보다 분배가 중요하다

사, 농, 공, 상은 봉건시대 계급과 신분 관념을 나타내는 별도의 네 단어이자 계급과 신분의 순서를 가리키는 전체 개념의 하나다. 우리 역사에서도 조선시대 500년을 관통하는 핵심적인 신분 관념이었다. 여기서 상에 해당하는 상인은 맨 나중이었다. 잘 알다시피 조선은 유교의 나라였기에 이 신분 관념은 유교의 신분관 그 자체와 동일시됐다. 나아가 이런 신분 관념을 만들어낸 원조가 유가儒家의 창시자인 공자(기원전 551~기원전 479)라는 인식이 나름 강하게 자리 잡았던 것도 사실이다. 그렇다면 종교화된 유교儒教가 국가 지배 이데올로기로 정착하기 이전, 즉 학자들이 말하는 원시유교(유가)의 계급관과 신분관에서도 상인이 가장 천시되었을까? 공자도 상인과 상업을 천시했을까? 자연스럽게 이런 의문들이 떠오른다. 공자의 수제자들 중 한 사람인 자공子貢의 직업이 거상巨商이었다는 사실도 이런 의문들을 정당화시킨다. 이에 공자와 초기 유가의 경제관을 주의 깊게 들여다보고자 한다.

2,500년 만에 시진핑이 주목한 공자의 사상

2013년 11월 12일, 중국 공산당 전체회의(전회全會)에서 시진핑 국가주석은 '당의 제18기 3중전회 정신으로 사상을 확실하게 통일하자'는 제목의 강연에서 "전회의 정신을 관철하기 위한 몇 가지 요구와 함께 제시한 여섯 항목 중 다섯 번째인 '사회의 공평과 정의를 촉진하고 인민 복지를 증진'할 것을 출발점이자 종착점으로 삼아야 한다. 경제 발전을 이루고 나서 공평성의 문제를 해결하겠다는 것이 아니라, 파이를 계속 확대하는 동시에 그 분배도 잘해야 한다"고 강조했다. 그 과정에서 시진핑은 《논어》에 나오는 공자의 명구를 인용했다.

"재부가 적다고 걱정하기보다는 분배가 고르지 못한 것을 걱정하고不患寡而患不均, 가난을 걱정하기보다는 불안을 걱정한다不患貧而患不安."_《논어》〈계씨季氏〉

이 구절은 분배의 불공정과 불공평이 불안을 가져오는 주된 요인이라는 점을 지적한 명구로 꼽힌다. 분배의 균형이 나라의 안정을 유지하는 데 가장 중요한 요소라는 것을 보수주의자인 공자도 정확하게 인식하고 있었다. 오늘날에도 나라의 정책뿐만 아니라 기업 경영이나 관리학 등 모든 분야에서 진지하게 받아들여야 할 대목으로 꼽힌다. 위 구절의 앞뒤 대목을 더 소개하면 다음과 같다.

"나는 이렇게 들었다. 나라와 집을 가진 사람은 재부가 적다고 걱정하기보다는 분배가 고르지 못한 것을 걱정하고, 가난을 걱정하기보다는 (나라와 집안의) 불안을 걱정한다. 고르게 돌아가면 가난함이 없고, 화합하면 모자람이 없고, (나라와 집안이) 편안하면 기울지 않는다."

시진핑 중국 국가주석은 공자의 말을 인용하며 공평한 분배를 강조했다. 공자는 경제적 공평과 적당한 분배가 나라를 통치하는 데 중요한 요소임을 알고 있었다.

이 명구는 중국 역사와 사회에 적지 않은 영향을 미쳤다. 역대 위정자들이 중시했을 뿐만 아니라 백성들도 이것으로 공평과 분배 정책의 합리성을 점검해왔다. 주의할 것은 균등한 분배가 절대적 균등은 아니라는 점이다. 훗날 주자朱子는 이에 대해 각기 그 분수만큼 갖는 것이라는 상당히 보수적인 해석을 더했다.

요컨대 공자는 경제적 공평과 적당한 분배가 나라를 통치하는 데 중요한 요소임을 강조한 것이다. 공자의 경제관을 이해하기 위한 전제로서 이 대목은 매우 중요한 의미를 갖는다.

넉넉해야 교육이 가능하고 군대도 강해진다

한번은 공자가 위衛나라에 가는데 그의 제자 염유冉有가 수레를 몰고 수행했다. 위나라의 상황을 둘러보고 공자는 감개무량하게 "사람이 참으로 많구나!"라고 했다. 그러자 염유는 "사람이 이렇게 많으면 어찌 해야 합니까?"라고 물었다. 공자는 "그럼 방법을 생각해서 사람들을 잘살게 해야지"라고 답했다. 염유가 다시 "부유해진 다음에는 또 어찌 해야 합니까?"라고 묻자 공자는 "그럼 교육을 해야지"라고 말했다.

공자는 나라에는 충분한 인구, 즉 노동력이 있어야 생산을 발전시켜 백성들을 부유하게 만들 수 있다고 보았다. 인구의 많음과 백성의 부유함이란 토대가 갖추어져야만 교육을 제대로 시행할 수 있다는 뜻이다.

백성들을 부유하게 만든 다음 교육을 시행해야 한다는 공자의 사상은 역대 정치가와 학자들에게 국가 통치의 가장 중요한 기준으로 받아들여졌다. 교육의 기초로서 경제적 부를 인정했을 뿐만 아니라 그것이 교육을 제대로 작동시킬 수 있다는, 당시로서는 대단히 진보적 인식이었다. 이는 마치 우리가 '관중' 편에서 언급했던 '부민부국富民富國'과 나라를 떠받치는 '사유四維' 관계를 떠올리게 한다.

공자가 활동했던 춘추시대 후기는 전쟁이 끊이지 않았고, 백성들의 생활도 매우 고단했다. 각국의 통치자들은 너나 할 것 없이 군비 증강에 열을 올렸고 군비 증강에는 과중한 세금이 뒤따랐다. 이런 상황에서 공자는 정치, 경제, 군사 관계에서 무엇이 우선이냐는 질문에 먼저 백성들을 풍족하게 먹여야 한다고 주장했다. 군대는 그다음이었다. 그래야만 백성들이 정치와 위정자를 믿는다는 것이다. 공자는 백성이 부유하고 경제가 발달하면 군비를 충실히 할 수 있고, 그러면 국가나 위정자에 대한 백성들의 믿음이 충만할 것으로 여

대사구 벼슬 시절의 공자를 그린 초상화. 이 무렵부터 공자를 비롯해 의식 있는 사상가들은 공평과 분배의 문제가 통치의 관건임을 인식하고 있었다.

제자들을 가르치는 공자의 모습을 그린 〈공자강학도〉.

겼다. 그러면서 공자는 이 세 가지 중에서도 백성을 부유하게 하고, 군비를 충실히 하는 것보다 백성들의 믿음을 얻는 것이 가장 중요하다고 꼽았다.

정의와 공평을 중시한 공자의 경제관

공자는 백성들의 믿음을 얻는 문제도 경제적인 측면으로 풀었다. 다음에 소개하는 일화는 공자의 제자인 유약有若과 관련한 것이지만 공자의 인식을 충분히 반영하는 대목이다.

노魯나라 애공哀公이 유약에게 "해마다 흉년이 들어 나라의 재정이 부족하니 어쩌면 좋겠습니까?"라고 물었다. 유약은 "왜 백성들의 세금을 10분의 1로 줄이지 않으십니까?"라고 답했다. 애공이 "10분의

2로도 부족한데 10분의 1이라니요?"라고 반문했다. 그러자 유약은 "백성들이 풍족하면 임금이 어찌 혼자만 부족할 것이며, 백성이 부족한데 임금이 어찌 혼자 풍족할 수 있겠습니까?"라고 했다.

이 대화야말로 백성들에게 믿음을 준다는 것이 어떤 것인지 구체적으로 설명한다. 경제가 곤란하면 국가가 곤란해진다. 이런 상황에서 나라와 통치자에 대한 백성들의 믿음은 대단히 중요하다. 따라서 국가는 세금을 오히려 줄여야 한다는 것이다. 가난함을 걱정할 것이 아니라 분배가 고르지 않음을 걱정해야 한다는 공자의 인식은 나라의 안정에 백성들의 믿음이 갖는 중요성을 누구보다 심각하게 받아들인 결론이었다.

지금 우리 사회도 분배로 대변되는 정의와 공평이라는 심각한 명제와 문제에 직면해 있다. 철저히 기득권에게 유리하게 왜곡된 사회 구조, 기울어진 운동장과 같은 경쟁 구도, 이를 노골적으로 부추기는 정치와 관료들, 금수저와 흙수저 논란, 전포(전부 포기한) 세대 문제, 생업이 파괴된 경제 구조 등이 이 문제를 더욱 절박하게 만들고 있다. 공자의 경제관을 들먹이지 않더라도 정의와 공평이란 아젠다를 전면적으로 들고 나서야 할 때다.

貧而好樂빈이호락, 富而好禮부이호례

"가난하면서 즐거워하고 부유하면서 예를 좋아한다."_《논어》〈학이〉 편

제자 자공이 "가난하지만 아첨하지 않고, 부유하면서 교만하지 않으면 어떻습니까?"라고 묻자 공자는 "그것도 괜찮다만 가난하지만 즐거워하고, 부유하면서 예를 좋아하느니만 못하다"라고 답했다. 공자는 '부유하면서 교만하지 않은' 자세를 인정하는 한편, 예를 갖추는 것이 그보다 낫다고 여겼다. 공자가 말한 '예'가 구체적으로 무엇을 가리키는지는 모호하지만 사람으로서 갖추어야 할 기본을 갖추라는 의미로도 들린다.

貧而無怨難빈이무원난, 富而無驕易부이무교이

"가난하면서 원망하지 않기란 어렵지만 부유하면서 교만하지 않기란 어렵지 않다."_《논어》〈헌문〉 편

공자는 백성들이 가난에 시달리면 원망이 많아진다는 점을 분명하게 인식했다. 그래서 공평한 분배를 강조한 것이다.

공자,
유상 출현을 뒷받침한 가치관

안휘성 휘주徽州를 적으로 두고 중국 전역에서 활동하면서, 이른바 '천하의 휘상徽商'이란 명성을 듣고 있는 휘주 상인들은 '장사를 하되 늘 유학의 가르침을 즐겼다.' 이것이 '고이호유賈而好儒'라는 휘상 특유의 상업 경영이 지닌 큰 원칙이었다. 휘상의 트레이드 마크라 할 수 있는 '고'와 '유'의 결합은 휘상을 다른 지역의 상인들과는 확실히 구별되는 '유상儒商'으로 인식시키는 내재적 근거가 됐다. 그리고 그 뿌리는 유가와 유가의 가치관, 공자의 사상에 닿아 있다.

상업을 결코 경시하지 않았던 공자

공자의 언행록인《논어》를 전체적으로 분석해보면 공자는 분명 경제나 경제적 이익에 대해 언급하는 일이 드물었으며 또한 보수적이었다. 그러나 그렇다고 상업이나 상인을 천시한 것은 결코 아니었다.

공자가 처했던 시대는 봉건영주제에서 봉건지주제로 전환하는 대분화·대격동의 시기였다. 공자는 주례周禮로 대변되는 주나라의 예제禮制로 돌아가자는 다분히 복고적인 사상을 가진 보수주의자였다. 그러나 교육자로서는 사학私學이라는 새로운 시대적 경향을 이끈 사士 계층 신지식인의 자유로움을 한 몸에 지닌 인물이었던 만큼, 공자의 사상에는 참신한 면모가 번득였다.

특히 경제관·상업관에서 공자가 보여주는 진보성은 지금 봐도 대

유상을 대표하는 휘상은 휘상 문화를 창조했다. 휘주는 이런 휘상을 배출한 본고장이다. 사진은 휘주의 한 식당 입구를 장식하고 있는 휘상 도안.

단히 새삼스럽다. 이는 14년에 걸쳐 10여 개 나라를 주유한 그의 천하 편력과 무관하지 않을 것이다. 이 과정에서 공자는 상인을 비롯한 많은 하층민과 접촉했고, 이 때문에 만년에 그때까지의 모든 학식과 경험을 교육으로 펼치면서 '유교무류有敎無類', 즉 '가르침에는 부류가 없다'는 진보적인 교육관을 내세울 수 있었던 것이다. 그의 제자들은 다양한 직업의 소유자였는데, 자공子貢 같은 수제자는 천하를 누비는 대상인이었다(자공에 대해서는 뒤에서 살펴볼 예정이다). 자공과 공자가 나눈 대화를 한번 보자.

> 자공: 여기 아름다운 옥이 있다면 궤짝 안에 잘 간직해야 합니까, 값을 잘 쳐주는 상인을 찾아 팔아야 합니까?
> 공자: 팔아야지! 팔아야지! 나는 살 사람을 기다리겠다.

또 공자는 "안회顏回는 이상을 추구하는데 늘 가난하다. 자공은 관의 허가 없이 돈을 벌었는데 예측을 잘했다"고 두 수제자를 평가하면서 자공의 치부를 대단히 긍정적으로 보았다. 공자의 경제관이 상당히 개방적이었음을 알 수 있게 하는 대목이다.

'이'와 '의'의 결합과 유상의 출현

《순자》〈유효〉 편을 보면 다음과 같은 대목이 눈에 띈다.

"공자가 노나라 사구司寇 벼슬을 받자 심유씨沈猶氏는 아침에 그 양에게 물을 먹여 무게를 늘려 팔지 않았고, 공신씨公愼氏는 그의 음탕한 처를 내보냈으며, 신궤씨愼潰氏는 지나치게 사치한 탓에 국경을 넘어 옮겨갔고, 소와 말을 팔던 노나라 사람들은 값을 속이지 않게 되었는데, 이는 (공자가) 몸을 바르게 닦고 기다렸기 때문이다."

공자가 법을 담당하는 벼슬을 받자 사치 풍조와 시장질서가 바로 잡혔다는 내용이다. 공자는 이익 추구를 나쁘게 보지 않았다. 하지만 '이利를 보면 의義를 생각하라'고 했다. 즉, 이익이 눈앞에 보이면 그것이 정당한지를 생각하라는 뜻이다. 이것이 저 유명한 '견리사의見利思義', 또는 '견득사의見得思義'라는 구절이다(《논어》 〈헌문〉 편). 부와 이익을 추구하되 정당해야 한다는 말이다. 물론 정통 유가에서는 '선의후리先義後利'와 '이의제리以義制利'를 주장한다. '의리가 먼저이고 이익이 나중이며' '의리로 이익을 통제하라'는 것이다. 바로 여기에서 유가 특유의 의리관義利觀이 탄생했다. 이 유가 특유의 의리관은 한 걸음 더 나아가 '신信'이란 개념을 받아들여 다음과 같은 가치관들을 형성하기에 이른다.

신근우의信近于義: 믿음은 의리에 가깝다

근이신謹而信: 정직함과 믿음

언이신言而信: 말과 믿음

언필신言必信: 말은 반드시 믿음이 있어야 한다

유가의 '신信'은 경제와 상업에서 '신용信用'으로 정착했다. 이렇게 유가의 의리관과 신용은 상인으로 하여금 함부로 아무 이익이나 추구하지 않고 자율자제自律自制할 수 있는 도덕적 관념으로 정착했다. 그리고 이런 유가의 의리관을 경제와 상업의 중요한 원칙으로 삼은 상인이 바로 유상이었다.

'경상'과 '천상' 의식에 대한 오해

상인과 상업을 가볍게 보고 천시하는 의식이 유가에서 비롯됐다는 것은 오해다. 적어도 유가의 창시자인 공자에게서 그런 의식은 찾아볼 수 없다. 오히려 공자는 고른 분배, 정당한 이익 추구, 가벼운 세금 등과 같이 당시로서는 상당히 진보적인 경제관을 갖고 있었다.

상인이 가장 천한 신분으로 고착된 것은 유가가 국가의 통치 이데올로기로 정착하여 지배층에 복종하는 사상으로 변질되면서였다. 편의에 따라 이를 유가와 구별하여 유교라 부른다. 신분 계급으로서 사농공상의 구분과 차별은 주자학을 통해 공고해졌고, 주자학을 전격 수용한 조선이야말로 경상과 천상 의식을 확고부동한 계급과 신분으로 고착시켰다. 이로써 조선시대 500년을 통해 상업의 발전과 상인의 활약이 심각한 방해를 받았고, 우리에게 '유상'의 결핍이라는 결과로 나타났다.

앞서 소개한 유상을 대표하는 휘상은 '유고儒賈'와 '고유賈儒'를 구

제자들과 함께 거문고를 배우는 공자를 그린 〈공자학금도孔子學琴圖〉.

분하기도 했다. 전자는 상업 활동을 명분으로 내걸고 유교의 가르침을 행하는 상인을, 후자는 유교를 받든다는 명분을 내걸고 상업 활동을 하는 상인을 가리키는데, 어느 쪽이나 문화적 소양이 높은 상인을 가리키는 표현이다. 이를 달리 표현하자면 '선유후고先儒後賈, 선고후유先賈後儒'라 할 수 있다. 즉, 고賈와 유儒, 문文과 상商의 결합이자 융합으로 오늘날 상인들에게 진정으로 필요한 요소라 할 것이다. 이런 점에서 공자가 주창한 유가의 의리관과 이를 앞세운 유상의 가치관은 금전만능에 찌든 오늘날의 천박한 경제관을 바로잡게 하는 소중한 자산으로 떠오를 것이다.

富而可求也부이가구야, 雖執鞭之士수집편지사,

吾亦爲之오역위지

"부란 것이 구해서 얻을 수 있는 것이라면 비록 말채찍을 드는 일이라도 하겠다."_《논어》〈술이〉편

공자는 의롭지 못한 부를 배척했다. 그러나 부 그 자체를 부정하지 않았고 정당한 방법으로 얻은 부를 긍정했다. 위 대목은 이런 인식에서 나온 것이다. 그러면서 "구해서 얻을 수 없다면 내가 하고 싶은 일을 하겠다如不可求, 從吾所好"고 했다.

자공,
2,500년 학파를 일으킨 유상의 원조

공자의 임종을 지킨 제자, 자공

기원전 479년 어느 날 73세의 공자가 깊은 병이 들었다. 공자의 수제자 중 한 사람인 자공이 스승을 찾아뵈었다. 공자는 지팡이를 짚고 문 앞을 어슬렁거리고 있다가 "사賜(자공의 이름)야, 왜 이렇게 늦었느냐?"며 한숨을 쉬었다. 늙고 병든 공자는 아들과 같은 제자 자공에 대한 반가움을 그렇게 표시한 것이다(공자와 자공은 31년 차이가 났다). 그러고는 자신의 죽음을 예감한 듯 눈물을 흘리면서 "천하에 도가 없어진 지 오래되었으니 아무도 나를 존중하지 않는구나"라고 했다. 그로부터 7일 뒤 공자는 세상을 떠났다. 사실상 자공이 공자의 마지막을 함께하고 유언을 들은 셈이었다.

50대 중반 이후 조국 노나라를 떠나 나이 70에 이르기까지 15년 가까운 천하주유를 끝내고 조국 노나라로 돌아온 공자는 후진 양성에 마지막 힘을 다했다. 기록에 따르면 수제자만 72명에, 일반 제자까지 합치면 무려 3천 명에 이르렀다고 한다. 이 기라성 같은 제자들 중 공자의 임종을 지킨 이는 다름 아닌 자공이었다.

대체 자공은 공자에게 어떤 제자였으며, 어떤 인연을 갖고 있었을까? 게다가 자공은 덕행과 학문이 깊은 안연顔淵과 민자건閔子騫, 정치에 종사한 염유冉有와 계로季路, 문학의 자유子遊와 자하子夏, 효심으로 이름난 증자曾子 등과 같은 수제자와는 전혀 다른 사업가, 속된 말로 장사치였다. 그것도 제후국의 최고 통치자들과 대등하게 예를 나눌 정도로 엄청난 사업가였다(여기서 '궁궐 뜰을 사이에 두고 대등한 예를 나눈다'는 뜻의 '분정항례分庭亢禮'라는 유명한 고사성어가 나왔다. 부유한 상인의 위상이 한 나라의 임금과 맞먹을 정도라는 비유다).

공자의 제자들을 그린 그림으로 맨 오른쪽이 자공이다.

'유가'에서 자공이 차지하는 비중과 역할

공자의 수제자로 언변에 능했던 사업가, 국제 분쟁에 뛰어들어 5국을 오가며 분쟁을 해결한 외교가, 유가의 후원자 등등 자공의 모습은 다양하게 나타난다. 그러나 지금까지 공자에게 자공이 차지하는 비중이 본격적으로 논의된 경우는 거의 없었다. 하지만 기록을 조금만 유심히 살펴보아도 공자의 삶을 비롯해 공자로부터 창시된 유가儒家 형성에 자공이 미친 영향은 실로 막대하다는 것을 어렵지 않게 발견할 수 있다. 그리고 그 배경에는 사업가 자공의 든든한 자본이 자리잡고 있다.

공자의 삶과 초기 유가에서 자공의 비중은 먼저 기록으로도 확인된다. 공자의 언행록이라 할 수 있는 《논어》에 자공은 약 35회 이상 등장하여 가장 큰 비중을 차지하고 있다. 공자 제자들의 전기라 할 수 있는 《사기》〈중니제자열전〉

에도 자공의 분량은 절반 가까이를 차지한다. 역대 부자들의 기록이라 할 수 있는 〈화식열전〉에도 자공이 등장하고 있다 〈중니제자열전〉에 나오는 자공에 대한 기록은 대부분 외교가 자공의 면모를 잘 보여준다. 외교가 또는 유세가로서 자공의 면모는 별도

공자의 수제자이자 당대 최고의 사업가였던 자공의 초상화.

의 논의가 필요하므로 여기서는 생략한다). 기록의 분량이 절대 기준이 될 수는 없겠지만 적어도 공자의 삶과 초기 유가에서 자공의 비중과 역할이 결코 만만치 않았다는 점은 분명하다 하겠다. 이제 이 기록들을 중심으로 사업가 자공의 인품을 살펴보도록 하자.

'호련'이라는 공자의 평가를 받다

먼저 스승 공자는 자공을 어떻게 평가했을까? 자공이 수업을 받고 난 뒤 "저는 어떤 사람입니까?"라고 물었다. 공자가 "너는 그릇이니라"라고 하자 자공이 내친 김에 "어떤 그릇입니까?"라고 물었다. 이에 공자는 "호련이니라"라고 했다. '호련'은 종묘에 제사를 지낼 때 없어서는 안 될 그릇이다. 스승 공자는 제자 자공을 종묘 제사에 꼭 필요한 그릇과 같은 존재로 본 것이다.

《논어》를 꼼꼼히 읽어보면 사업가 자공의 인품을 나타내는 대목이 눈에 띈다. 먼저 스승과 나눈 대화의 한 대목을 보자.

자공: 군자도 미워하는 일이 있습니까?
공자: 미워한다. 남의 나쁜 점을 들어 말하는 자를 미워하며, 아래에 있으면서 윗사람을 헐뜯는 자를 미워하며, 용감할 뿐 도리에 막힌 자를 미워한다. 사야, 너도 미워하는 것이 있느냐?
자공: 남의 생각을 훔쳐서 자기 지혜로 삼는 자를 미워하며, 불손하면

서 그것을 용기라고 하는 자를 미워하며, 남의 비밀을 들추어내며 스스로 정직하다고 하는 자를 미워합니다.

사업가로서 자공은 기본적으로 겸손하게 상대의 비밀을 지켜주고자 했다. 특히 남의 생각을 훔쳐서 자기 것처럼 여기는 자를 미워한다고 한 대목은 오늘날의 저작권 존중을 떠올리게 한다.

자공은 잘못을 저지르지 않으려 애썼고 잘못을 범하면 과감히 고칠 줄 아는 인품이었다. 그는 "군자의 잘못은 일식이나 월식과 같다. 잘못을 범하면 모두가 본다. 고치면 모두가 우러러본다"라고 했다.

억만금을 가진 부호로서 자공은 "가난하면서 아첨하지 않고, 부유하면서 교만하지 않으려고" 자신의 처신에 주의를 기울였다. 이를 위해 공부를 통해 자신을 수양했는데 이런 자공의 인문학 소양을 두고 스승 공자는 "이제 너와 더불어 시詩를 논할 수 있겠구나! 지난 일을 들려주었더니 다가올 일까지 알아채니"라고 칭찬을 아끼지 않았다.

사업가로서 자공의 사업 수완에 대한 구체적인 기록은 없다. 다만 앞서 공자가 자공과 더불어 시를 논할 수 있겠다며 "지난 일을 들려주었더니 다가올 일까지 알아채니"라고 한 대목과 "회(안회)는 이상을 추구하다 보니 늘 가난하다. 사(자공)는 관청의 청탁이 없는데도 재물을 불렸는데 예측이 잘 들어맞는다"고 한 대목을 통해 그가 시장의 변화를 잘 헤아렸음을 알 수 있다.

이렇게 시세를 잘 예측한 사업가 자공의 진면목은 공자가 세상을 떠난 뒤에 더욱 빛을 발했다.

陶朱事業도주사업, 子貢生涯자공생애

"도주공 범려范蠡의 사업, 자공의 삶"

중국 상인이나 사업가들이 운영하는 사업장에 많이 걸려 있는 글귀다. 사업을 하려면 도주공 범려나 자공처럼 하라는 말로, 두 사람은 그만큼 사업가들이 선망하는 대상이었다. 이와 비슷한 말로 '經商不讓陶朱富경상불양도주부, 貨殖當推子貢賢화식당추자공현'이라는 대구도 있다. 사업을 하려면 도주공 범려의 억만금 부라도 마다하지 않되 자공의 현명함을 본받으라는 뜻이다.

자공,
유가 학파의 기반을 다지다

비단 뭉치를 들고 제후를 방문하다

자공은 춘추 후기부터 본격 등장하기 시작하는 자유 상인을 대표하는 사업가라 할 수 있다. 그가 구체적으로 어떤 사업으로 어떻게 치부했는지는 자세한 기록이 없다. 다만, 〈화식열전〉에 따르면 조曹와 노魯나라 사이를 오가며 물자를 사두었다 팔았다고 한다. 또 〈중니제자열전〉에는 "자공은 사고팔기를 잘하여 시세 변동에 따라 물건을 회전시켰다"고 되어 있다. 이를 미루어 보면 각지의 물자를 사들였다가 가격 변동에 맞추어 거래하고 이익을 얻었던 것 같다. 여기에 스승 공자가 자공을 두고 '예측이 잘 들어맞는다'고 말한 대로 시장 상황과 가격 변동 등을 잘 헤아려 '재물을 불린' 것으로 볼 수 있다. 요컨대 자공은 상품 생산이 아닌 유통업으로 크게 치부했다.

또 공자는 사업상 자공의 예측력을 평가하면서 '관의 명(또는 청탁)을 받지 않고도 재물을 불린다'고 했다. 이는 조정이나 관청과 관계를 맺지 않고 자신의 정보력과 사업 수완으로 치부했다는 뜻이다. 즉, 앞서 말한 대로 자유 상인으로서 자공의 모습을 언급한 대목이다.

다음으로 자공의 사업 수완이다. 기록상 역시 뚜렷한 사업 수완은 보이지 않지만 〈화식열전〉에는 그가 "사두마차를 타고 비단 뭉치 따위의 선물을 들고 제후들을 방문했다"는 기록이 있다. 자공이 원활한 거래를 위해 비단과 같은 귀중품을 제후들에게 선물했다는 것이다.

자공의 사업 수완으로 한 가지 더 언급할 것은 그의 언변, 즉 말솜씨다. 공자의 수제자 72명 중에서 자공은 재여와 더불어 언변으로 이

공자의 제자들이 스승의 상을 치르는 모습을 담은 그림. 그림 왼쪽 상단을 보면 여막을 치고 6년 상을 치르고 있는 자공의 모습이 보인다.

름이 나 있었다. 자공의 언변은 그의 사업에 유용하게 활용되었을 뿐만 아니라 스승 공자의 조국 노나라가 강대국 제나라의 침공을 받게 되었을 때 외교 사절로 파견되어 노나라의 위기를 해결하는 데도 큰 역할을 했다.

당시 노나라가 위급해지자 공자는 제자들을 불러 모아 이런 상황에서 어찌 우리가 나서지 않을 수 있냐 했다. 그러자 자로子路, 자장子張, 자석子石이 차례로 자신이 가겠다고 청했다. 그러나 공자는 자공이 나설 때까지 기다렸다가 자공으로 하여금 제나라를 비롯해 다섯 나라를 두루 돌며 외교 사절 역할을 하게 했다. 공자는 이 정도로 자공의 언변을 인정한 것이다.

유가 학파의 기반을 다진 사업가, 자공

앞서 언급했듯이 기록상 자공은 스승 공자의 마지막 유언을 듣고 임종을 지킨 유일한 제자였다. 공자가 세상을 떠나자 각지의 제자들이 곡부로 와서 노나라 북쪽 사수泗水에 공자의 장례를 지내고 모두 3년 상을 지냈다. 〈공자세가〉는 당시 상황을 이렇게 기록하고 있다.

"3년 동안 애도와 상을 마치고 서로 헤어지는데 통곡을 하고 각자 또 애도를 했다. 다시 남은 제자도 있었다. 오직 자공만이 무덤 옆에 여막을 치고 6년을 지킨 다음 떠났다."

다른 제자들은 모두 3년 상을 치렀는데 자공 혼자 6년 상을 치렀다는 얘기다. 자공이 공자의 수제자이기는 하지만 친자식이 아닌데도 6년 상을 치렀다는 것은 보통 상식으로는 이해하기가 어렵다. 그럼 왜 자공은 홀로 6년 상을 고집했을까? 이와 관련하여 〈화식열전〉의 다음 대목은 많은 것을 생각하게 한다.

"무릇 공자의 이름이 천하에 두루 알려지게 된 것은 자공이 그를 앞뒤로 모시고 도왔기 때문이다. 이야말로 이른바 세력을 얻으면 세상에 더욱 드러난다는 것이 아니겠는가?"

여기서 말하는 세력이란 당연히 자공의 재력이다. 자공은 자신의 재력으로 스승 공자를 모시고 천하를 두루 누볐다. 자신의 정치적 이상을 천하에 알리려 한 공자 입장에서 자공의 재력은 든든한 후원이 아닐 수 없었다. 자공이 제후국을 방문하면 제후들이 직접 나와 자공과 대등하게 예를 나누었을 정도였으니 공자에게 자공은 말 그대로 강력한 후원자였다. 자공 역시 자신의 사업에 공자의 명성을 활용했을 것이다.

또 공자가 제자들과 진陳과 채蔡 지역에서 밥도 못 먹을 정도로 곤경에 처했을 때 자공은 자신이 지닌 값나가는 물건을 팔아서 먹을 것을 구했다. 사업가 자공이었기에 가능한 일이었다.

이렇듯 자공은 특별히 스승 공자는 물론이고 공문孔門 전체에 없어서는 안 될 중요한 인물이었다. 자공은 스승과 공문에 대한 존경심과 애착이 남달랐다. 그랬던 그이기에 스승의 무덤 옆에서 보낸 6년은 스승이 없는 공문을 지키고, 나아가 유가를 하나의 학파로 확실히 다져나간 시간이기도 하다. 자공은 그 6년 동안 매년 공자의 제

공자의 무덤인 공림孔林에는 자공이 여막을 치고 6년 상을 치른 곳에 이를 기리는 건축물이 있다. 그 앞에는 '자공려묘처'라고 적힌 비석이 서 있다. 자공은 공자의 무덤 앞에 손수 나무도 심었는데 이를 '자공수식해子貢手植楷'라고 부른다.

사 때마다 천하 각지에서 모여든 동문들의 숙식 등을 해결하는 한편, 동문들과 함께 스승의 철학과 사상을 정리하여 세상에 알렸을 것이다. 공자의 언행록인《논어》는 그 결과물의 하나로 보인다(《논어》를 비롯해 현재 남은 기록들 중 자공의 비중이 가장 큰 까닭도 이런 자공의 역할이 작용했을 가능성을 배제할 수 없을 것이다).

문화와 학문을 후원하는 이상적 모델

자공은 공자 사후 공문의 수호자이자 유가를 하나의 학파로 우뚝 서게 하는 후원자로서 엄청난 역할을 해냈다. 물론 그 뒤에는 그의

6년 시묘를 마치고 각국을 다니며 이름을 떨친 자공은 공자가 세상을 떠나고 23년이 지난 기원전 456년 제나라에서 눈을 감았다. 그의 무덤은 하남성 준현浚縣에 남아 있다.

재력이 있었다. 이 같은 후원은 그 자체로 자공의 사업에도 상당한 도움이 되었을 것이다. 노나라를 비롯해 천하 각지에 흩어져 벼슬 등 다양한 일에 종사하고 있는 공문의 제자들은 자공의 후원을 받아 인적 네트워크를 형성하고, 자공은 이를 자신의 사업에 이용했을 가능성이 충분하기 때문이다. 말하자면 이런 네트워크를 활용하여 서로 윈윈win-win 했던 것이다.

자공은 작은 위衛나라 출신의 사업가였다(자공 이후 약 200년이 지나 이 작은 위나라에서는 여불위라는 큰 상인이 등장하여 천하 형세를 뒤흔들었다). 20세 이후 공자를 스승으로 모시면서 천하 각지를 떠돌며 자신의 사업을 확충했다. 그가 생애의 마지막을 자신의 조국이 아닌 강대국 제나라에서 마친 것도 국제적인 사업가였기에 가능했다.

자공은 자신의 부와 재력으로 이후 수천 년 동안 동양 사회에 지대한 영향을 미친 유가儒家 창건에 절대적인 역할을 했다. 이렇듯 자공은 문화와 학문의 후원자로서, 또 자신의 사업에 문화와 문화인, 학문과 학자들을 활용하여 크게 성공함으로써 후대 사업가들에게 엄청난 영감과 영향을 남겼다. 그가 중국 상인의 이상적 모델이라 할 수 있는 유상儒商의 원조로 추앙받는 것도 바로 이런 이유다.

● 명언·명구

惡徼以爲知者오교이위지자

"남의 생각을 훔쳐서 자기 지혜로 삼는 자를 미워한다."

스승 공자가 자공에게 네가 미워하는 것이 무엇이냐고 묻자 자공은 맨 먼저 "남의 생각을 훔쳐서 자기 지혜로 삼는 자를 미워합니다"라고 답했다. 이 대목을 현대적으로 해석하자면 자공이야말로 기록상 처음으로 남의 아이디어를 존중하는, 즉 지적 소유권을 확실하게 인정한 사람이 아닐까 한다. 이 점 역시 사업가 자공의 면모를 잘 보여준다. 또 자공이 남의 장점을 칭찬하길 좋아하는 성품이었다는 것을 보면 이 대목은 충분히 수긍이 간다. 어느 면으로 봐도 자공은 정말이지 대단한 사업가였음에 틀림없다.

계연,
경영에서 이윤과 윤리는
별개가 아니다

계연計然은 언제 태어나 언제 죽었는지 기록이 전혀 없다. 범려의 스승이라는 기록으로 보아 대체로 기원전 6세기 말에서 기원전 5세기 초에 활동한 것으로 추정할 수 있다. 남조 송나라의 배인裴駰이 사마천의 《사기》에 주석을 달아 지은 《사기집해史記集解》에는 계연이 춘추시대 유명한 정치가인 범려의 스승으로 기록되어 있다. 그에 따르면 이름은 연研이고, 옛날부터 '연상심계研桑心計' 즉, "연(계연)과 상(상홍양)의 속셈(계산)"이란 속담이 있다고 한다. 또 "계연은 규구葵丘 복상濮上(지금의 하남성) 민권民權 사람으로 성은 신辛이고 자는 문자文子다. 그 선조는 진晉의 공자였다. 일찍이 남쪽 월나라에서 떠돌았는데 범려가 그를 스승으로 모셨다"는 기록도 보인다.

사마천은 계연을 위해 별도로 열전을 마련하지는 않았지만 경제인
들을 전문적으로 다룬 《사기》 〈화식열전〉에서 그의 정치 활동과 거
시적 경제 사상 및 주장을 대단히 돋보이게 기록하고 있다. 또 《사기》
에는 오왕 부차夫差에게 패하여 회계(지금의 절강성 소흥시)에서 곤경
에 처한 월왕 구천이 10년에 걸친 와신상담 끝에 국가와 백성을 부강
하게 만들고 마침내 교만에 빠진 강적 오나라를 멸망시켜 지난날의
치욕을 씻은 이야기가 흥미진진하게 기록되어 있다. 이 과정에서 결
정적인 역할을 한, 문무를 겸비하고 넘치는 지혜를 갖춘 계연의 제자
범려는 대업을 성취한 후 스스로 은퇴했는데, 이후 남다른 경제관과
사상으로 상업에 종사하여 중국 역사상 가장 이름난 거부 도주공陶
朱公으로 변신한다.

이렇게 보면 계연은 월왕 구천이 국력을 회복하고 강국으로 발돋
움하는 데 중요한 역할을 한 인물일 뿐만 아니라 중국 역사상 대단히
위대한 경제 사상가이자 책략가였음을 알 수 있다.

지투수비, 싸워야 한다는 것을 알면 준비하라

계연이 지닌 경제 사상의 핵심은 '경제치국經濟治國'이다. 이는 전란
이 잦았던 춘추시대에 장기적이고 진보적인 사상이었기에 상당히 심
각한 의미가 있다는 평을 받는다. 경제는 기초다. 생산과 경제가 발전
해야만 백성들이 편안하게 자기 일에 전념하며 넉넉한 생활을 꾸릴

수 있고, 나라도 강대해질 수 있다. 국가가 풍족하고 국력이 강력해져야 다른 나라들에 맞서 패하지 않을 수 있다. 계연은 이런 이치를 너무나도 잘 알고 있었다. 그는 부차와의 싸움에 패해 곤경에 처한 월왕 구천에게 경제로 나라를 다스려야 한다는 대책을 제기하면서 다음과 같이 말했다.

월왕 구천의 상. 그는 '계연의 일곱 가지 계책 計然七策' 중 다섯 가지만으로 재기에 성공하고 오나라를 멸망시켰다.

"싸워야 한다는 것을 안다면 각 방면에서 준비를 갖추어야 합니다. 물자가 언제 필요한지 알면 물자의 가치를 알 수 있게 됩니다. 또한 시기 파악과 쓰임새, 이 둘의 관계가 분명하면 각종 물자의 공급과 수요 상황 및 일처리 능력 등이 아주 분명해지는 것입니다."

여기서 우리는 계연이 제기한 경제치국이라는 전략의 큰 전제가 "싸워야(경쟁해야) 한다는 것을 알면 준비를 해야 한다知鬪修備"는 것임을 분명히 볼 수 있다. 이는 곧 부국과 부강을 위한 것이고, 전쟁에서 적을 물리치고, 경쟁에서 우위를 차지하기 위한 것이다. 따라서 계연은 경제 발전을 주장했다. 무역을 통해 상품 경제를 이끌고 관리하는 목적은 시장이 충분히, 지속적으로 열리게 하는 데 있다고 보았다. 이 모든 것이 결국 나라를 다스리는 근본이 되기 때문이었다.

가뭄에는 배를, 홍수에는 수레를 준비하라

계연이 제시한 경제 사상에서 두드러진 점은 경제 발전 규칙의 이해를 강조한 부분이다. 또한 모든 것을 미리 준비하라고 강조한 점도 큰 특징이다. 그는 농업 경제를 기본으로 하던 당시의 실제 상황에 맞추어 농업 생산의 자연 조건을 대단히 중시했다. 즉, 기상 관찰에 주의를 기울였는데, '오행' 학설을 활용하여 풍년과 흉년, 기근과 가뭄이 드는 일반적 규칙 같은 것을 제기했다. 그는 "6년마다 한 번 풍년이 들고, 역시 6년에 한 번 가뭄이 들고, 12년에 한 번 큰 기근이 든다"고 했다.

이런 순환적 규칙에 근거하여 계연은 "가뭄이 들면 배를 준비하여 수재에 대비하고, 수재가 들 때는 수레를 준비하여 가뭄에 대비하라水則資車, 旱則資舟"고 말한다. 이는 사물의 발전 규칙에 주목한 이론이다. 2,500여 년 전에 살았던 계연이 이렇듯 수준 높은 변증 사상을 가졌다는 사실에 감탄하지 않을 수 없다. 그의 경제 사상에는 모든 일을 사전에 대비하라는 '유비무환有備無患'의 관념이 가득 차 있다. 이런 그의 사상을 나라를 다스리는 데 사용하면 나라가 강해지고, 생산에 적용하면 산업이 발전하고, 상업에 활용하면 재부를 축적할 수 있다. 계연은 장기적이고 대국적인 관점에서 거시경제학을 제시한 경제 사상가였다.

양식의 가격이 안정되어야 시장이 활성화된다

계연의 경제 모략 사상은 거시적 통제를 대단히 중시하고 있으며, 경제의 현실 상황을 주의해서 조사, 파악하고 이를 바탕으로 구체적인 대책과 방침을 제기한다. 그는 월나라의 경제 현상을 깊이 있게 연구하고 이를 기반으로 물가가 평형을 이루어야 하고, 생산(농업)과 유통(상업), 두 방면의 관계를 고려해야 한다고 강조한다. 그는 다음과 같이 말한다.

"식량 가격이 한 되에 20전이면 농민의 이익에 손해가 나고, 90전이면 상인이 손해를 본다. 상인의 이익에 손해가 나면 교역이 정체되고 돈이 돌지 않는다. 농민이 손해를 보면 생산성이 떨어지고 농지가 황폐해진다. 따라서 식량의 가격은 한 되당 최고 80전을 넘지 말아야 하며 최저 30전 밑으로 떨어져서는 안 된다. 그래야만 상인과 농민 모두가 이익을 얻을 수 있다."

계연은 이렇게 해야만 양식의 가격이 안정되고 시장이 활기를 띤다고 생각한 것이다. 식량 값이 안정을 유지하면 다른 화물의 평등한 교환이 뒤따르고 시장 교역과 관세 등도 따라서 활기를 띤다는 뜻이다. 농업 본위의 사상이 주도하던 상황에서 계연은 '말석'에 위치한 상인의 이익과 그 작용을 간파하고 중요성을 강조했다. 이는 좀처럼 보기힘든, 참으로 귀한 주장이 아닐 수 없다. 그의 상업 경제 사상은 지금기준으로 봐도 아주 의미심장하다.

극에 이르면 비싼 것은 싸지고 싼 것은 비싸진다

계연은 상품 경제의 발전을 적극 주장하여 "재물과 화폐가 물 흐르듯 흐르게 해야 한다財幣欲其行如流水"고 했다. 이것이야말로 재화를 생산하고 나라를 부유하게 만드는 길이라고 판단하고 상업 무역에 아주 높은 식견과 사상을 보여준다.

계연은 물자 교환 과정에서 어떻게 하면 이익을 남겨 돈을 벌고 재부를 축적할 수 있는지를 아주 철두철미하게 연구했다. 물품은 교환을 통해 가치가 커진다고 주장했고 상인은 교환 과정에서 얻어야 할이윤을 취한다고 했다. 그가 제시하는 재화를 축적하고 돈을 버는 방법에는 대단히 실질적이면서도 깊이 있는 경제 철학과 학문이 담겨있다. 그는 이렇게 말한다.

"재부를 축적하는 이치는 다음과 같다. 첫째, 화물의 질을 중시해야 한다. 둘째, 자금이 유통되지 않고 쌓이는 것을 막아야 한다. 물건을 사고

팔 때 쉽게 부패하고 변질되는 물품은 제때에 내다 팔아야지 더 나은 가격을 받겠다고 묵혀두는 모험을 해서는 안 된다."

계연의 경영 사상이 보여주는 높은 수준은 상품 가격에 따른 변증법적 관계를 제대로 알고 있었다는 점에서 잘 드러난다. 다시 말해 상품 가격은 시장에서 교환과 공급, 수요의 변화 상황에 따라 유동적일 수밖에 없다는 점을 철저하게 간파한 것이다. 따라서 그는 상품의 과잉 공급이나 부족한 상황을 연구하여 물가가 오르고 내리는 기본적 규칙과 이치를 잘 이해해야 한다는 점을 특별히 강조한다. 그는 사물이 극에 달하면 반드시 반대쪽으로 이동한다는 원리와 시장 교환의 일반적 규칙에 근거하여 "비싼 것이 극에 이르면 헐값이 되고, 헐값이 극에 이르면 비싸진다"는 과학적 결론을 얻어냈다.

계연은 사람들과 상업 종사자들에게 시기와 시장 상황을 잘 파악해야 한다고 분명히 경고한다. 더불어 매매를 위해 머리를 써야 할 뿐만 아니라 용기도 있어야 한다고 강조한다. 그래야만 "거름을 비싸게 팔 수 있고, 진주를 싼 값에 살 수" 있다. 싸고 비싸고는 절대적인 것이 아니고 영구적인 것도 아니다. 상대적이고 변화하는 것이다. 관건은 시기를 장악하는 데 있다. 계연은 "남고 모자란 것을 알면 싸고 비싼 것을 알 수 있다"는 경영 전략을 제기한다. 이는 경영의 요점이자 누구나 쉽게 깨우칠 수 있는 이치다.

상인이라면 물가 안정에 책임감을 가져라

계연의 경제 사상에서 가장 빛나는 대목은 그가 상인의 이윤 추구를 긍정했을 뿐만 아니라 나아가 상인이 물가 안정을 위해 시장에서 일정한 책임을 져야 한다고 주장한 것이다. 그는 이렇게 말한다.

"상품이 비싸지면 쓰레기처럼 아낌없이 때맞추어 내다팔고貴出如糞土, 값이 싸지면 귀한 옥구슬을 사들이듯이 때맞춰 사들여라賤取如珠玉".

계연은 시장의 공급, 수요와 가격 등락에 맞추어 사업 품종을 결정

계연은 당시의 경제 사상이라고 믿기지 않을 정도로 기본적이고 양심적인 사상을 피력했다.

하라고 권하면서 한 걸음 더 나아가 사물은 조건에 따라 서로 상반된 방향으로 전환될 수 있다는 이치를 깨우쳐야 한다고 강조한다. 그래야만 시장의 물가와 상품 구매자를 동시에 고려하고 만족시키는 좋은 상인이 될 수 있다고 본 것이다. 가격이 오른다고 쟁여두고 더 오르길 기다리지 말 것이며, 가격이 떨어진다고 더 떨어지길 기다리지 말고 적당한 값으로 사들이라는 이 말에는 경제 윤리에 가까운 논리가 담겨 있다. 돈 되는 것이라면 양심이고 윤리고 죄다 팽개친 채 갑질에 몰두하는 우리 기업과 기업인의 부끄러운 행태를 되돌아보게 하는 대목이 아닐 수 없다.

● 명언·명구 ───────────────────

一貴一賤일귀일천, 極而復反극이부반

"비싸든 싸든 극에 이르면 다시 되돌아온다."

계연은 시장의 공급과 수요 관계에 근거하여 가격의 오르내림을 판단하라고 말하면서 "남고 모자라는 것을 판단할 수 있으면 값이 오르고 내리는 것을 알 수 있다"고 했다. 그러나 상품의 값이 오르내리는 데는 한도가 있다. 값이 극도로 비싸지면 다시 떨어지고, 극도로 떨어지면 다시 올라간다. 아주 평범한 이치 같아 보이지만 이런 이치를 약 2,500년 전에 정확하게 인식했다는 사실은 결코 예사롭지 않다.

범려,
인생 삼모작을 성공으로 이끌다

성경 다음으로 많이 팔린 책이 무엇인지를 두고 말들이 많지만 중국인들은 서슴지 않고 소설가 진융金庸의 무협소설을 꼽는다. 억 단위가 팔렸다는 통계도 있는 것을 보면 허무맹랑한 과장은 아닌 듯하다.

진융은 역사에 대단히 조예가 깊어 몇 해 전에는 절강浙江대학에서 역사를 연구하고 가르치기까지 했다. 그의 소설이 대륙에서 선풍적인 인기를 끌면서 여러 매체와 인터뷰를 가졌는데 역사상 가장 좋아하는 인물이 누구냐는 질문에 범려范蠡를 지목하여 많은 뒷이야기를 낳기도 했다(진융 자신도 범려처럼 여러 직업에서 모두 성공을 거뒀다는 평을 얻고 있는데, 아무래도 범려를 존경하는 동시에 자신과 범려가 닮았다고 말하고 싶었던 것 같다).

'와신상담'으로 월나라를 부흥시키다

범려는 춘추시대 말기인 기원전 5세기 초에 활동한 정치가이자 군사가이며 상인이었다(생몰연도는 알 수 없다). 초나라 완宛 지역의 가난하고 보잘것없는 집안 출신으로 여기저기를 떠돌다 평생의 친구 문종文種의 추천으로 월나라 구천句踐에게 기용됐다. 이후 정치와 군사 방면을 맡아 이른바 오월동주吳越同舟로 대변되는 오월쟁패吳越爭霸의 와중에서 오나라를 멸망시키는 데 큰 공을 세웠다.

공을 세우고 범려는 미련 없이 은퇴한 뒤 상업에 종사하여 막대한 부를 이루고 여생을 마쳤다. 그는 19년 동안 세 번이나 억만금을 모았으나 자신의 부를 주위와 나누는 노블레스 오블리주를 실천하여 훗날 '상업의 성인(상성商聖)' 또는 '상업의 신(상신商神)'으로 추앙받았다(중국인들은 관우를 재신財神으로 추앙하는데, 재신은 재물을 지켜주는 신이고 상신과 상성은 치부의 신이자 성인을 뜻한다).

범려는 오와 월이 사활을 건 투쟁을 벌이던 시기를 살았던 인물이다. 오나라에 패하여 구천을 모시고 3년 동안 오나라에서 인질 생활을 하기도 했다. '와신상담臥薪嘗膽'이란 천고의 고사성어는 바로 이 과정에서 탄생했다. 3년 동안 범려는 오나라의 상황을 면밀히 살피는 한편, 구천에게 굴욕을 참고 기회를 기다리라고 충고하여 마침내 3년 만에 귀국을 이끌어냈다. 이후 범려는 스승 계연의 일곱 가지 계책, 즉 '계연칠책計然七策' 중 다섯 가지를 활용하여 월나라를 부흥시키고 끝내 오나라를 멸망시켰다(계연에 대해서는 앞서 알아봤다).

천하의 절반을 마다하고 상업으로 전업하다

오나라를 멸망시킨 범려는 천하의 절반을 주겠다는 월왕 구천의 제안도 물리친 채 은퇴를 결행했다. 떠나면서 범려는 평생의 친구 문종에게 편지를 보내 '토사구팽兎死狗烹'을 언급하며 함께 은퇴할 것을 권했다(문종은 망설이며 은퇴를 결심하지 못하다가 반역으로 몰려 결국 구천이 보낸 검으로 자살했다).

범려는 배를 타고 바다를 건너 제나라에 정착한 다음 상업에 종사했다. 당시 범려는 떠나면서 신분과 성명을 감춘 채 자신의 이름을 '치이자피鴟夷子皮'로 바꾸었는데, 이는 필생의 라이벌이던 오자서伍子胥를 추모하기 위한 이름으로 보인다(오자서가 자살하면서 오왕 부차를 저주하자 오자서를 가죽주머니에 싸서 전당강에 내다버리게 했는데 여기서 '치이자피'가 유래했다고 한다).

제나라에서 범려는 상업에 종사하여 천금을 모았다. 제나라 왕이 범려의 명성을 듣고 그를 초빙하여 정치를 맡기려 하자 범려는 다시 도陶라는 지역으로 떠났다. 이 부분을 다룬 《사기》〈화식열전〉을 보자.

"도라는 지역에서는 '주공朱公'이라 했다. 주공은 도 지역이 천하의 중심으로 사방 제후국들과 통해 있어 물자의 교역이 이루어지는 곳이라 판단했다. 이에 생업에 종사하여 물건을 사서 비축해두었다가 때맞추어 팔았지, 사람의 노력으로 경영하지 않았다. 이렇게 그는 생업을 잘 운영하는 사람이 되었는데 인력이 아닌 적당한 시기를 보아 운영했을 뿐이다. 그는 19년간 세 차례에 걸쳐 천금의 재산을 모아 두 번은 가난한 친구들과 고향 친지들에게 나누어주었다. 이것이 이른바 군자는 부유하면 덕을 즐겨 행한다는 것이다. 나중에 늙자 자손들에게 일을 물려주었는데 자손들도 생업을 잘 관리하며 이자를 불려 재산이 수만금에 이르렀다. 그래서 부자 하면 모두들 도주공陶朱公을 말하는 것이다.”

정치, 군사, 사업 분야를 섭렵한 성공 비결

범려는 정치, 군사, 상업 모든 분야에서 성공을 거둔 인물이다. 특히 만년에는 현명한 은퇴를 결단하여 파란만장한 삶을 평온하게 마무리했다. 범려는 말하자면 인생 삼모작을 모두 성공시킨 보기 드문 인물로, 많은 이들이 흠모하는 대상이 됐다. 이에 범려의 성공 비결을 간단히 짚어보고자 한다.

첫째, 범려의 학식學識이다. 학식은 배움과 식견을 말한다. 범려는 젊은 날 많은 경험을 했고 이를 배움과 결합하여 남다른 식견을 갖추었다. 특히 ‘오월쟁패’에서 가장 시급했던 병법에 남다른 자질과 식견이 있었으며, 이를 훗날 자신의 상업 활동에 다시 활용하여 크게 성공했다. 범려에게 치국治國, 치군治軍, 경영經營은 서로 다르지 않았다. 이 점에서 범려의 경영 철학은 차원이 다르다.

둘째, 같은 시대를 살았던 인물, 특히 인재들로부터 많은 것을 배워 자신의 것으로 체득하는 지혜를 소유했다. 오자서로부터 기개와 충절을, 손무孫武로부터 수준이 다른 병법을 배웠다. 부차와 구천 등 권력자들로부터는 권력과 권력자의 속성을 정확하게 통찰하는 식견을 깨우쳤다.

셋째, 정보의 중요성을 누구보다 제대로 인식했다. 젊은 날 각지를 떠돈 경험을 축적했고, 이를 통해 각지에 대한 다양하고 실질적인 고급 정보를 갖추었다. 오나라 왕과 오자서를 비롯한 대신들 사이를 갈라놓은 이간책

범려가 만년에 정착한 도陶(지금의 산동성 정도) 지역에 세워져 있는 그의 석상.

등이 모두 범려에게 나왔고, 오나라는 이 이간책에 말려들어 오자서를 죽이는 엄청난 실책을 저질렀다.

넷째, 이런 고급 정보는 시대의 흐름을 읽어내는 안목을 갖추는 데 결정적인 요인으로 작용했다. 오월쟁패의 승부는 어떤 면에서 범려의 정보력이 결정적이었다고 할 수 있다.

다섯째, 좋은 스승 계연을 만나 그의 경영 철학을 전수받았을 뿐만 아니라 이를 정치와 경영 모든 면에 생생하게 적용했다.

여섯째, 자기 수양이다. 범려는 물러날 때를 아는 현명한 처신과 결단으로 자신의 인생을 자신의 의지로 마무리했다. 세상과 인간에 대한 통찰력이 뒷받침되어 있었기에 가능했다.

일곱째, 확고한 경영 철학과 노블레스 오블리주의 실천으로 후대에 훌륭한 명성을 남길 수 있었다.

여덟째, 사물을 보는 남다른 안목을 갖추고 있었다. 이 안목이 그의 상업 활동에 결정적으로 작용한 것으로 보인다.

● 명언·명구

삼취삼산三聚三散

범려는 손에 쥔 부귀영화를 모두 버리고 월나라를 떠나 제나라에 정착하여 상업 활동에 종사했다. 그러고는 다시 제나라를 떠나 도 지역에 정착하여 거금을 모았다. 범려는 이렇게 모은 자신의 재산을 이웃과 친인척들에게 나누어준 데서 '삼취삼산'이란 고사성어가 나왔다. '(재산을) 세 번 모아 세 번 나누었다'는 뜻이다. 여기에서 부자가 사회적 책임감을 가지고 자신의 재산을 유용하게 베푸는 노블레스 오블리주의 선행을 비유하는 성어가 비롯됐다.

범려,
노블레스 오블리주의 시작

범려가 정치, 군사, 경영 모든 면에서 성공을 거두고 더 나아가 절정기에 현명하게 물러나는, 차원이 다른 결단을 내린 비결에 대해서는 여러 가지 분석이 가능하다. 게다가 범려는 만년에 자신의 부를 이웃과 나누는, 말하자면 '노블레스 오블리주'를 실천한 최초의 사례이기도 하다. 이에 여기서는 《신서新序》〈잡사雜事〉 편에 나오는 일화를 통해 범려가 갖춘 식견의 일단을 감상하고, 그를 통해 사물을 바라보는 관점과 범려의 성공 간 상관관계에 대해 조금 철학적인 성찰을 해볼까 한다.

작은 차이, 사물을 보는 안목

위魏나라에 판단하기 어려운 사건이 하나 발생했다. 신하들의 절반 가량은 그 사람이 유죄라고 판정했고, 나머지 절반은 무죄라고 판정했다. 위왕도 결단을 내리기가 어려웠다. 이에 위왕은 "평민의 신분으로 거부가 된 도주공(범려의 별칭)에게는 틀림없이 기막힌 지혜가 있을 것이다"라며 사람을 시켜 그를 불렀다. 그러고는 사안의 경위를 설명한 다음 어떻게 처리할지 자문을 구했다. 범려의 대답은 다음과 같았다.

"저는 일개 평민 백성에 지나지 않아 이런 형사 사건을 판결할 줄은 모릅니다. 다만 제 집에 흰 옥이 두 개 있사온데, 색도 같고 크기도 같고 광택도 같습니다. 그런데 하나는 1천금이 나가고, 하나는 5백금이 나갑니다."

범려를 모시고 있는 하남성 남양南陽의 재신부財神府 입구. 정면에 보이는 석상이 상성으로 추앙받고 있는 범려의 상이다.

위왕은 이해할 수 없다는 듯 "색도 크기도 광택도 똑같은데 어째서 값이 그렇게 다르오?"라고 물었다. 범려는 "그것들을 옆에서 가만히 살펴보면 하나가 좀 더 두껍습니다. 그래서 값이 배나 더 나가지요"라고 대답했다. 이 말을 듣고 위왕은 "옳거니! 죄를 판정하기 어려우면 사면하면 되고, 상을 줄지 말지 판단하기 어려우면 그냥 상을 주면 되지!"라며 기뻐했다. 위나라 백성들도 이러한 왕의 조치에 크게 만족했다.

모든 사물은 단면이 아니다

위왕은 결단을 내리기 힘든 문제에 직면하여 도주공 범려에게 가르침을 청했다. 범려는 그 문제를 어떻게 처리할지를 직접 말하지 않았다. 대신 사업에서 흔히 부딪치게 되는 백옥의 값에 비유하여 풀기 어려운 문제를 풀 때 지켜야 할 두 가지 방법을 알려주었다. 하나는 옆에서 살펴보라는 것이고, 다른 하나는 두꺼운 것이 귀하다는 것이다. 위왕은 이 말을 바로 알아듣고는 판정을 내렸다.

결단을 내리기 어려운 일에 직면하거나 두 가지 방안 중 어느 쪽을 선택해야 할지 가늠이 서지 않을 때 우리는 '사유의 인식'이란 면에서 곤혹스러움에 직면한다. 그 결과 이익과 손해 또는 우세와 열세를 놓고 분명한 분석을 내리지 못한다. 범려가 옆에서 살피라고 한 것은 실제로는 늘 하던 관찰 방식, 즉 기존의 시각을 버리고 새로운 각도에서 사안을 다시 봄으로써 기존의 시각으로는 이해관계를 밝히거나 우열을 판단할 수 없음을 인식하라는 충고였다.

일반적으로 어떤 사안에 결단을 내릴 때 우리는 늘 자신의 이익 기준이나 도덕적 표준과 가치 표준에 근거한다. 그러나 옆에서 사안을 관찰하게 되면 사안의 판단에 새롭게 참고할 만한 정보를 얻을 수 있다. 그렇게 얻은 새로운 좌표와 정보를 통해 사안을 관찰해보면 이전과는 다른 인식을 자연스럽게 얻을 수 있다. 그렇다고 이 새로운 인식이 이전의 인식을 뒤엎는 것은 아니다. 이 새로운 인식은 사안과 관련된 우리의 인식을 더욱 풍부하고 완전하게 해주며, 우리가 내리는 결단에 좀 더 충분한 근거를 제공함으로써 결단의 과정에서 발생한 곤혹스러움을 해소시킨다.

사물을 정면에서 보든 측면에서 보든 실제로는 모두 가치 지향의

범려가 마지막 여생을 보낸 정도에 있는 그의 무덤. 만년에 범려는 취미로 물고기를 길렀다고 한다. 그가 물고기 기르는 법에 관한 《양어경養魚經》을 썼다는 설도 있다.

문제가 존재할 수밖에 없다. 바꿔 말해 사안의 우열에 대한 판단은 늘 일정한 기준을 준수할 수밖에 없다. 그래서 범려는 이런 문제에 대한 위왕의 판단에 계발을 주고자 비유 속에 '두꺼운 것이 귀하다'는 가치 판단을 은근히 끼워두었던 것이다. 바로 이런 점들이 전통 문화에서 찾아볼 수 있는 생동감 넘치는 가치관의 표현이다.

후덕, 부를 사회에 환원하는 실천

우리는 여기서 범려가 말한 '두꺼운 것이 비싸다' 또는 '두꺼운 것이 귀하다'는 표현에 주목해야 한다. '두껍다'는 뜻의 '후厚'에 암시가 들어 있기 때문이다. 《주역》의 〈곤坤〉 괘를 보면 "군자는 후덕厚德으로 재물을 얻는다"고 했다. 또 《국어國語》에서는 "후덕한 자만이 복을 많이 받는다"고 했다. 이는 너그럽고 후한 태도로 세상을 살라고 사람들에게 권하는 말들이다.

위왕은 범려가 말한 '후'의 의미를 알아들었다. 즉, 이왕이면 '후'하게 처리하라는 의미를 읽어낸 것이다. 그래서 시비의 관점뿐만 아니라 처세의 각도에서 다시 이 사안을 살폈고, 그래서 '두꺼운 것이 귀하다'는 가치관을 받아들여 일순간에 깨달음을 얻을 수 있었던 것이다. 그 결과 위왕은 치국을 위한 새로운 사유의 길을 열었으며 백성들이 크게 만족하는 효과를 거두었다.

전국시대에는 완전한 법제를 통치 기반으로 하는 나라들이 많지 않았다. 법제가 정비되어가는 과정이었지만, 법률에 의거하여 모든 사건을 심사하거나 판결하는 것이 아니라 사건을 맡은 사람의 주관적 판단에 따라 처리되기 일쑤였다. 따라서 사건을 맡은 사람의 주관적 동기가 아무리 순수하고 공정해도 어느 정도의 허점과 결점을 피할 수 없었고, 따라서 의문스러운 판결이 나올 수밖에 없었다. 경영에서도 비슷한 상황은 얼마든지 발생한다.

범려는 위왕에게 증거가 변하지 않은 상황에서 사안을 맡은 사람으로서 무죄 석방 판결을 내리도록 자극했다. 이는 판결의 주관적 임의성을 잘 보여주는 것이다. 이런 자극과 방법은 현대 사회의 법제 정신이나 경영 방식과는 당연히 맞지 않는다. 그러나 범려가 위왕에게 일깨운 두 가지 방법은 의심스러운 사안을 판결하는 데 새로운 생각의 길을 열어주었다는 점에서 사물을 보는 관점과 처세에 대해 다시한 번 생각하게 만드는 대단히 유익한 자극이었다.

《신서》에는 범려에게 자극을 받아 후덕의 의미와 치국 방식에 새로운 인식을 얻은 위왕의 말이 다음과 같이 이어진다.

"이렇게 보면 담이 얇으면 무너지고, 옷감이 얇으면 찢어지며, 그릇이 얇으면 깨지고, 술이 얕으면 이내 시어진다. 무릇 각박하면서 오래 버티는 자는 없다."

《신서》는 범려가 말한 '두꺼운 것이 귀하다'는 '후덕' 사상에 특별한 느낌을 받은 것 같다. 동시에 그 전제로서 '사물을 측면에서 보라'

고도 했다. 세 번이나 직업을 바꾸고도 부귀와 공명을 다 이룬 범려의 인생 경력 자체가 어떤 의미에서는 이 사상의 직접적인 결과물일지도 모른다. 요컨대 범려는 사물을 여러 각도에서 바라보는 안목과 '후덕'을 결합하여 자신만의 경영 철학을 확립했고, 이것이 자신의 부를 사회에 환원하는 실천으로 수렴되었던 것이다.

● 명언·명구

言富者皆稱陶朱公언부자개칭도주공

"부자 하면 모두가 도주공을 입에 올렸다."_《사기》〈화식열전〉

〈화식열전〉에 범려와 관련해서 실린 기록의 마지막 부분이다. 범려가 부자의 대명사가 됐다는 뜻이다. 또 앞서 소개했듯이 후대에는 공자의 제자로 큰 사업가였던 자공을 함께 거론하며 '陶朱事業도주사업, 子貢生涯자공생애'라는 말도 파생되어 나왔다. '도주공(범려)의 사업과 자공의 삶'이란 뜻인데 모두 치부와 함께 노블레스 오블리주를 실천하여 진정한 부자의 모습을 보여준 두 사람에 대한 존경의 뜻이 담겨 있다. 참고로 자공과 범려는 거의 같은 시대를 살았고 자공이 월나라를 방문한 적도 있어서 두 사람은 만났을 가능성이 크다.

백규,
전국시대 거상을 탄생시킨 경영 철학

춘추시대에 나타난 자유 상인은 전국시대에 들어 이른바 상업 자본을 바탕으로 한 거상巨商으로 발전한다. '천금千金'으로 대변되는 춘추시대 부상富商은 이제 '만금萬金'이란 수식어가 붙는 거상으로 변모했다. 더욱이 이 거상들은 축적된 부를 이용하여 사회적 지위와 정치적 지위까지 획득하여 계층 변화라는 엄청난 역사의 변동을 이끌어냈다. 이런 전국시대 거상의 출현을 알리고 이들의 치부 방법을 실천과 이론으로 뒷받침한 인물로, 백규白圭란 상인이 있었다.

시세의 변화를 예측한 경제 사상가

백규는 전국시대 사람으로 나고 죽은 해는 알 수 없다. 상공업으로 크게 부자가 된 사람들의 기록인 《사기》〈화식열전〉과 《한서》〈식화지〉를 통해 그의 일생을 엿볼 수 있을 뿐이다.

백규는 주周나라 출신으로 대략 위나라 문후 때 재상을 지낸 저명한 법가 인물 이리李悝(기원전 455~기원전 395)와 비슷한 시기에 활동한 대상인으로 추측한다. 《사기》 등에 따르면, 그는 직접 상업 활동에 종사한 것은 물론이고 경영과 무역, 생산 발전 등 경제에 관한 본격적인 이론을 최초로 수립한 인물이다. 그는 자신의 이론을 책으로 남기지 않았지만 현재 남아 있는 기록만으로도 중국 최초로 아주 뛰어난

백규는 본격적인 경영 이론과 경제 사상을 정립하고 이를 실천하여 상업 자본의 축적과 거상의 출현을 알렸다.

성취를 이룬 사업가이자 경제 사상가였다는 사실을 충분히 확인할 수 있다.

먼저 백규가 보여준 경제 사상의 기본은 '시세의 변화를 낙관한다'다. 이는 사회 경제 문제를 대하는 당시의 인식 수준을 훨씬 뛰어넘는 것일 뿐만 아니라 시장 경제가 주도적 지위를 차지하고 있는 오늘날에도 여전히 중대한 의미를 갖는다.

백규가 활동한 전국시대 초기는 사회 체제로 볼 때 노예제에서 봉건제 사회로 넘어가는 과도기였으며 주요 생산 방식은 농업과 목축업이었다. 시장 교환이 있기는 했지만 진정한 상업 시장에는 이르지 못한 단계였다. 이런 사회 조건에서 백규는 특유의 지혜와 상인의 날카로운 안목으로 시세 변화를 관찰하여 매매 교역을 통해 큰 이익을 얻었으며 나아가 사회 생산 발전을 촉진했다. 사마천과 반고는 백규의 '시세의 변화를 낙관한다'는 경제 사상을 법가 사상가였던 이리가 주장한 '땅을 최대한 이용한다'는 농업 사상과 함께 거론하며 그의 사상을 높이 평가했다.

남이 내다팔면 나는 사들이는 전략

이는 백규의 가장 기본적인 경제 사상이자 돈 버는 수단이었다. 당시 상황에서 백규는 간단한 물물 교환으로 상품을 교역했다. 즉, 서로에게 있고 없는 물건을 교환하여 사회적 수요를 만족시키고자 했다. 백규가 뛰어난 점은 시장 돌아가는 상황을 통찰했다는 데 있다. 다른 사람은 물건이 남아돈다고 생각하여 내다팔 때 그는 대량으로 사들였다. 또 다른 사람들은 부족하다고 여겨 사들일 때 그는 급히 필요로 하는 곳에 내다팔았다. 쉽게 말해 쌀 때 사들이고 비쌀 때 내다팔아 이익을 얻고 재부 축적이라는 목적을 달성한 것이다. 이는 시장 경제의 가장 기본적인 법칙이다. 2천 수백 년 전에 살았던 백규가 이런 점을 깊이 인식하여 '남이 내다팔면 사들이고, 남이 사들이면 내다판다'는 이론을 내놓은 것이다. 그의 이론은 진, 한 이후 각 왕조의 시장 교역과 물가 정책 등에 큰 영향을 미쳤다.

백규는 아주 예민한 상업적 두뇌를 소유한 치부 전문가이기도 했다. 그는 경제 형세와 교역 장소에 대한 정보와 시장 상황의 변화에 대단히 민감했으며 반응이 아주 빨랐다. 일단 필요하다고 판단되면 바로 사들이거나 내다팔았다. 그는 분초를 다투어가며 경영상 이익을 얻을 수 있는 절호의 기회를 놓치지 않았다. 마치 "사나운 짐승이나 새처럼 잽쌌다"고 한다.

요컨대 백규는 '시간이 곧 돈'이라는 점을 누구보다 일찍 깨우쳤으며 재물이 쉽게 들어오지 않는다는 점을 잘 알고 있었기 때문에 자본 축적에 큰 의미를 부여했다. 그는 검소한 생활을 하면서 노복들과 고락을 같이했다. 거친 음식이라도 달게 먹었고 하고 싶은 것을 자제할 줄 알았다.

백규는 전체 국면을 살피는 데 탁월한 능력을 발휘했다. 거시적 안목으로 경제 무역과 재부 축적이란 문제에 접근했다. 그는 경영과 사업에서 작은 이익을 차지하려 하지 않았으며 삐뚤어진 논리와 얄팍한 꾀로 이익을 얻으려고도 하지 않았다. 의롭지 못한 재물은 결코 추구하지 않았다. 그는 화물 교역과 유통을 생산 발전과 긴밀하게 연계시켜 경영상 자본이 축적되고 생산 발전에 도움이 되도록 했다. 그는 많은 것으로 모자란 것을 보충하거나 구제할 것을 주장했다. 즉, 각종 상품이 서로 교환되고 유통되면서 서로 생산과 발전을 촉진하도록 돕게 하고, 경영 무역과 화물 교환이 진정으로 경제와 생산의 지렛대로 작용할 수 있게 했다.

이런 점에서 보면, 백규의 경제 사상은 소박하면서도 심오하다. 그는 "풍년이 들면 곡식은 사들이고 실과 옻은 내다팔았으며, (흉년이 들어) 누에고치가 나돌면 비단과 솜을 사들이고 곡식을 내다팔았다." 이러한 그의 경영은 단순히 이익을 남겨 돈을 버는 차원에만 머물지 않았다. 풍년이 들어 곡식 값이 떨어지면 대량으로 사들이는 대신, 농가에서 필요한 실이나 옻을 내다팔아 그들의 수요에 부응했다. 반대로 흉년이 들어 곡식이 모자라면 곡식을 내다팔아 시중에 식량을 공급했다. 이는 경제 활동에서 서로를 보완하는 다리 같은 작용을 했다.

백규는 또한 기상 변화, 즉 날씨를 잘 살펴서 화물을 비축할 때와 유통시켜야 할 때를 정확히 파악했다. 풍년 때 양식을 많이 사들여 흉년이나 재난이 닥칠 때 대량으로 내다팔았다. 이렇게 해서 돈을 벌었고 해마다 사들이는 물건이 배로 늘어났다. 흉년이 들면 생산자들이 물가에 시달리지 않도록 도와서 이듬해 재기할 수 있게 했다.

백규는 경영인이 가야 할 진정한 길을 알고 있었다. 사마천은 백규의 경영 철학을 다음과 같이 요약했다.

> "백규는 돈을 늘리려면 값싼 곡식을 사들였고, 곡식을 늘리려면 상품上品의 종자를 사들였다. 가장 소박한 음식을 먹었으며, 소비 향락의 욕구를 억제하고 의복도 절약하면서 일을 할 때는 노예들과 고락을 같이했다."

그는 스스로 근검절약하는 생활로 모범을 보였다. 돈을 벌기 위해 속이거나 잔꾀를 부리지도 않았다. 소박하면서도 성실한 경영인으로서 고상한 '상업도덕', 즉 '상도'를 갖추고 있었다. 그의 '상도'는 오늘날 경제인들이 갖추어야 할 정확한 방향을 가리키고 있다.

경영인의 자질, 지·용·인·강

상인이기도 했던 백규가 보여준 경제 사상에 함축된 의미는 대단히 심오하다. 학문의 경지까지 이른 그의 사상은 쉽사리 배우고 실천할 수 있는 것이 아니었다. 당시 많은 고관들이나 권력자들은 백규의 이런 사상을 이해하지 못했다. 오늘날 경영자들도 그의 사상을 정확하게 이해하고 이를 실천하기란 쉽지 않다. 백규는 자신의 사상에 대해 다음과 같이 말했다.

"나의 경영은 마치 이윤과 여상(강태공)이 계책을 꾀하고, 손자와 오자가 군대를 부리고, 상앙이 변법개혁을 시행하는 것과 같다. 따라서 임기응변하는 지혜(지智)가 없거나 일을 결단할 수 있는 용기(용勇)가 없거나 주고받는 미덕(인仁)이 없거나 지켜야 할 것을 지키는 강단(강强)이 없는 사람은 내 방법을 배우고 싶어도 절대 가르쳐주지 않는다."

경제는 기초이자 나라를 부강하게 만드는 방법이다. 오늘날 이런 이치를 모르는 사람은 없다. 그러나 백규가 생활했던 그 시대에는 이를 제대로 인식하는 사람이 많지 않았다. 백규는 나라를 세우고 군대를 부리고 법을 시행하는 것과 마찬가지로 경제가 중요하다고 보았기 때문에 이와 나란히 경제를 거론한 것이다. 이는 백규의 지혜와 인식 수준이 보통을 넘는다는 것을 잘 보여준다. 그의 경제 사상 역시 상대적으로 정치와 군사에 치우쳐 있던 당시 통치자들이 생각해낼

곡식 찧는 모습을 벽돌에 묘사한 그림.

수 있는 것이 아니었다. 백규는 경제가 차지하는 중요한 위치를 인식했고 그 복잡성과 경영 관리의 어려움까지 간파하고 있었다. 때문에 경제와 경영에 관계된 사람은 나라를 관리하고 군대를 다스리는 것과 마찬가지로 풍부한 지혜와 결단, 임기응변 능력과 덕을 갖추고 있어야 한다고 했던 것이다. 여기에 자기 통제, 나아가 자기 극복까지 몸소 실천을 통해 보여주었다.

백규는 자신의 노력과 실천으로 자신의 경제 사상을 구체화했을 뿐만 아니라, 후대까지 큰 영향을 주는 업적을 쌓을 수 있었다. 그래서 사마천이 "백규는 직접 시험을 해보았고, 남보다 뛰어나다는 것을 입증할 수 있었다. 아무나 그렇게 될 수 있는 것이 아니다"라고 평가했던 것이다.

是故其智不足與權変시고기지불족여권변,

勇不足以決斷용불족이결단,

仁不能以取予인불능이취여, 彊不能有所守강불능유소수,

雖欲學吾術수욕학오술, 終不告之矣종불고지의

"따라서 임기응변하는 지혜(지智)가 없거나 일을 결단할 수 있는 용기(용勇)가 없거나 주고받는 미덕(인仁)이 없거나 지켜야 할 것을 지키는 강단(강彊)이 없는 사람은 내 방법을 배우고 싶어도 절대 가르쳐주지 않는다."

백규는 자신의 경영법을 아무에게나 가르쳐주지 않았다고 한다. 그러면서 진정한 경영인이라면 반드시 갖추어야 할 자질이자 조건으로서 네 가지를 제시했다. 바로 위에서 말하고 있는 지혜, 용기, 미덕, 강단이다. 백규는 진정한 경영인의 자질로서 수시로 변하는 경제 상황에 적절하게 대응할 수 있는 '지智', 사고파는 시기를 비롯해 경영상 중요한 결정을 내리는 '용勇', 무조건 독차지하려는 탐욕이 아닌 적절하게 주고받는 '인仁', 자기 사업을 지켜내려는 '강彊'을 꼽았다. 오늘날의 관점으로 봐도 백규의 이런 경영자 자질론은 대단히 참신하다.

2부

상인,
시대의 거상을 키워낸
치부법과 경영 이론을 말하다

中
國
巨
商

춘추시대 후기
본격적으로 등장한 거상들

　중국 상인의 역사를 살필 때 춘추전국시대는 대단히 중요한 시기다. 춘추시대 후기 자유 상인과 전국 시기 거상의 출현은 신분과 계층의 전환이라는 거대한 변화가 함께 진행되었기 때문이다. 앞서 살펴본 계연, 범려, 자공, 백규 등과 같은 인물은 이러한 변화를 대표하는 상인이자 경제 전문가였다. 이에 춘추전국 시기의 이런 변화상을 간략하게 정리하고 전국 시기에 접어들어 본격적으로 등장하는 거상들의 치부법과 경영 이론 등을 집중적으로 살펴보고자 한다.

춘추 후기, 자유 상인이 출현하다

춘추시대 초기까지만 해도 (공인을 포함한) 상인 대부분은 관공서에 기생하던 존재로 천한 신분이었다. 이를 공상식관工商食官(공인과 상인은 관청에서 먹여 살린다)이라고 한다. 그러나 앞서 살펴본 대로 춘추 후기에 이르러 제후국 내부의 정치적 상황 변화와 치열해지는 경쟁에 대응하기 위해 각국은 새로운 정책으로 이 변화에 대응해나가기 시작했다. 이에 자유 상인들이 나타난다. 독립 개체의 수공업자와 타인을 부리는 수공업주가 점점 증가했으며 그에 따라 상인의 사업 규모가 날로 커졌다. 여기에 농산물과 옷감을 비롯한 개인 생산품의 유입이 크게 늘어나 관영으로는 감당이 안 되는 상황이 일반화됐다. 심지어 여성 상인女賈들까지 개인 상업과 경영에 동원되는 경향이 나타났다. 이렇게 관영 상업은 소멸하고 '공상식관'은 몰락했다.

기원전 771년 서주는 이민족의 침공으로 유왕幽王이 피살당하고 이듬해 가까스로 동쪽 낙양으로 도읍을 옮겼다. 이를 계기로 주 왕실의 권위는 추락했고, 제후국들 사이의 경쟁이 치열해지면서 각국은 이러한 변화상에 적응하지 않을 수 없었다. 그중 일부는 적극적으로 이런 변화를 정책으로 뒷받침하기 시작했다. 몇 가지 사례를 들어보면, 먼저 진晉나라 문공文公은 19년 망명 끝에 귀국하여 기원전 636년 국군으로 즉위했으나 그동안 정쟁으로 인한 피해가 극심했다. 이를 복구하기 위해 문공은 세금을 줄이고 통상과 무역을 적극 장려했다. 기원전 658년 적인狄人의 침략을 받은 위衛나라는 상인들의 수공업을 진흥하고 유통을 적극 지지하는 정책을 펼쳐 위기를 극복하고 23년 뒤에 인구가 10배나 증가할 만큼 발전을 이루었다. 기원전 503년 위나라 영공靈公은 위나라를 자주 괴롭히는 진晉나라에 반발하기에 앞서 상공업자들의 지지를 얻고자 했다.

이렇듯 춘추시대 후기에 많은 상인들이 나라를 세우고 되찾고 부흥시키는 과정에 적극적으로 작용했다. 통치 계급 내부 신구 세력의 권력 투쟁이 춘추 후기에 들어 더욱 격렬해지면서 서로 중간 계층의 지지를 얻기 위한 정책을 내놓았는데, 평민 신분의 상인과 상공업 종사자들이 그 주된 대상이 됐다. 여기에 쇠퇴하거나 망한 나라의 상공업자들이 민간 상공업자로 변신하는 사례가 빈번해졌다.

19년에 걸친 망명을 통해 각국의 상황과 시대 변화를 통찰할 수 있었던 진나라 문공은 집권 후 통상과 무역을 적극 장려하여 진나라를 패권국으로 끌어올렸다. 그가 이웃나라에 구호물자를 보낼 때 수십 척의 배가 동원될 정도였다. 여기에 상인들이 큰 역할을 했음은 물론이다.

간단하게 춘추 후기 이후 대상인으로서 자유 상인이 출현하게 된 배경을 정리해봤다. 이런 자유 대상인과 함께 중소 자유 상인도 대거 나타났는데, 여기에는 ① 상공업에 종사하던 노예들의 도망, ② 직접 무장 투쟁을 통한 지위 획득, ③ 전쟁 중에 세운 공로 등과 같은 요인들이 작용했다.

정리하자면 춘추 말기 영주제가 지주제로 바뀌는 변혁기에 자유 신분으로 독립 경영권을 가진 상인, 즉 '자유 상인'이자 '독립 상인'은 진보적 신흥 계급으로 떠올라 시대 변혁을 적극 주도하기 시작했다. 그 대표적 인물로 자공과 범려 등이 있다.

상업 자본을 축적하여 성장한 사회계층

앞서 잠깐 언급한 대로 전국 시기는 두 계층, 즉 '사士'와 '부상대고富商大賈(대규모의 부유한 상인)'가 크게 활약한다. '사' 계층은 각 분야에서 전문 지식으로 무장한 채 천하를 누비며 대변혁을 주도했고, '부상대고'는 상업 방면에서 대규모 경영으로 경제를 주도했다. 춘추 후기부터 나타나기 시작한 자유 상인은 전국 시기에 들어와 큰 사회 재부를 장악하여 '부상대고'로 성장하는 동시에 우월한 사회 지위를 쟁취하여 경제를 비롯해 정치에서도 두드러진 영향력을 발휘하기 시작했다. 그리고 여기에는 상업 자본 축적이란 요소가 결정적으로 작용했다.

전국 시기에 오면 상품과 화폐의 관계가 확대, 발전하여 상인의 대자본과 결합함으로써 '부등가不等價' 교환에서 취하는 이익(이윤)이 더욱 많아지고, 더욱 빨라지고, 더욱 쉬워졌다. 전국 후기의 거상인 여불위의 말대로 '장수선무長袖善舞, 다전선고多錢善賈', 즉 '옷소매가 길어야 춤이 더 아름다워 보이고, 본전이 많아야 장사가 쉬워진다'는 논리가 경제와 상업 방면에서 원칙으로 자리 잡았다.

막강한 경제력은 신분과 계층 변화를 촉진했다. 귀한 신분, 작위와 벼슬을 가진 자만이 부자가 되던 춘추 시기의 현상은 완전 일변했다. 귀한 신분이 아닌 사람들이 부자, 그것도 큰 부자가 되는 시대로 전환한 것이다. 이는 요컨대 신분제의 변화를 의미하는 것으로, 과거 귀족 신분의 권력이 쇠퇴했으며 새로운 계층으로 떠오른 '사'와 '부상대고'를 지원한 왕권이 강화됐다.

상인들은 상업 자본을 축적하여 독립된 사회 계층으로 성장했고, 여기서 이른바 상인 자본이 탄생했다. 주로 관공서에 기생하여 활동하던 상인은 이제 독립된 사상으로 우뚝 섰으며, 진정으로 독립된 상업 자본이 출현하기에 이른 것이다.

상품 유통과 생산에까지 진출한 상인들

상업 자본의 형성과 '부상대고'의 결합으로 전국 후기 자본은 더욱 팽창했다. 이에 따라 상인들은 상품 유통과 상품 생산에까지 진

전국 시기 거상들은 이익이 있는 곳이라면 어디든 투자하고 경영했다. 보석 등 고가 사치품 사업은 그들이 가장 눈독을 들인 분야였다. 사진은 전국시대 사치품의 하나인 동경으로 사천성 지역에서 출토되었다.

출하기 시작했다. 특히 국가와 백성 생활에 필수품이었던 소금과 철기 제조에 대거 뛰어들었고, 식량과 농업 부산품 교역, 특산품 판매와 운송, 보석 등 고가 사치품 판매, 화폐 주조, 고리대금업 등과 같은 사업에 적극 진출했다. 말하자면 큰 이익이 있는 곳이라면 어디든 상업 자본이 개입하는 현상이 일반화됐다.

상업 자본의 큰 흐름은 상업계의 모습을 완전히 바꾸었을 뿐만 아니라 국가 경제에도 막대한 영향을 미치기 시작했다. 소금과 철은 생산부터 운송, 소비 전체를 대부분 개인의 손에 맡겼는데, 상업 자본은 이 사업에 깊숙이 침투하여 생산—유통—소비를 완전히 장악했다.

상업 자본의 확대는 필연적으로 거상의 출현을 이끌어냈으나 동시에 거상들 사이에 질적인 변화를 초래할 수밖에 없었다. 즉, 성실하게 책임감을 가지고 사업에 임하는 좋은 상인, 즉 '성고양상誠賈良商'과 부만 축적할 수 있으면 수단과 방법을 가리지 않는 탐욕스럽고 간사스러운 '탐고간상貪賈奸商'이 공존하는 현상이 나타난 것이다.

巨商之理財거상지이재, 不求近效而貴遠利불구근효이귀원리

"거상이 재부를 다스리는 방법은 눈앞에 보이는 효과를 추구하지 않고 장기적 이익을 중시하는 것이다."_《송사宋史》〈식화지〉〈상〉

이 구절은 나라를 다스리는 이치에 대한 비유로 활용되었다. 즉, 나라를 다스릴 때도 근시안적 안목으로 나와는 다른 무리를 내치고 가볍게 정책을 바꾸어서는 안 된다는 지적이다.

모름지기 기업 경영도 국가 통치와 마찬가지로 한 순간의 정치적 목적, 당파의 이익, 권력자의 사리사욕 때문에 수시로 정책을 바꾸거나 폐기해서는 안 된다. 중장기적 안목과 활기찬 여론 수렴과 협의 등을 통해 원대한 목표와 실천 가능한 정책을 마련해야 한다. 물론 여기서 가장 중요한 원칙은 백성과 나라를 위한다는 것이다.

10세기 이후 중국 상업의 발달과 거상들의 치부법 및 경영 철학이 사회 경제는 물론이고 정치에까지 적잖은 영향을 미쳤다는 것을 위 구절들을 통해 어렴풋이나마 확인할 수 있다.

'큰 부자는 하늘이 낳는다'는 속설은 매우 전근대적이고 미신에 가까운 격언이다. 큰 부자는 위 구절처럼 원대한 식견과 철학 없이는 탄생할 수 없으며 나와서도 안 된다. 만약 부당하고 부정한 방법과 추잡한 정경유착을 통해 그런 부자가 나온다면 그 사회와 나라의 미래는 어두울 수밖에 없다.

〈화식열전〉,
2,100년 전 살았던 부자의 기록

전국시대의 부상대고富商大賈, 즉 거상들은 날로 팽창하는 자본을 바탕으로 상품 유통에서 상품 생산에 이르는 상업 경제 주요 영역 전반에 진출했다. 소금과 철, 식량 등 농업 부산품 무역, 각지의 특산품 운반, 보석 등 고가의 사치품 매매에서 화폐 주조, 고리대금업 등 큰 이익이 나는 곳이라면 상업 자본가들은 예외 없이 손을 뻗쳤다.

사마천이 소개하는 31명의 거상들

춘추 후기에서 전국에 이르는 동안 천하의 경제는 큰 변화를 겪었다. 그 주된 변화상은 상업 자본과 거상의 출현으로 요약된다. 사마천은 〈화식열전〉에서 이런 거대한 흐름과 변화를 춘추에서 한나라 초기까지의 거상 30여 명이 보여준 치부법을 통해 생생하게 전달하고 있다.

사마천이 소개하고 있는 31명의 거상들 중 춘추전국시대의 인물은 모두 6명이다. 이들 중 계연, 범려, 백규, 자공은 앞서 소개했듯이 모두 비슷한 시기의 거상들이다. 사마천은 이들 거상의 치부법을 다음과 같이 요약하고 있다.

史記卷一百二十九
貨殖列傳第六十九
漢　太史令司馬遷撰
唐諸王侍讀率府長史張守節正義
唐國子博士弘文館學士司馬貞索隱
宋中郎外兵曹參軍裴駰集解
老子曰至治之極鄰國相望
雞狗之聲相聞民各
甘其食美其服安其俗樂其業至老死不相往來必用
此爲務輓近世塗民耳目則幾無行矣

춘추전국시대에서 한나라 초기에 이르는 역대 31명 거상들의 치부법을 소개하고 있는 〈화식열전〉 첫 부분.

"위의 사람들은 부호 중에서도 매우 두드러지는 사람들이다. 그들은 모두 작읍이나 봉록을 가지고 있던 것도 아니고, 교묘한 수단으로 법률을 이용하고 나쁜 짓을 하여 부자가 된 것도 아니다. 그들은 모두 사물의 이치를 추측하여 거취去就를 결정한 것으로, 시운에 순응하여 이익을 얻고, 상업을 하여 재물을 얻고, 농업에 힘써 재산을 지켰다. 즉 그들은 강력한 무武의 방법으로 모든 것을 얻었고, 점잖은 문文의 방법으로 재산을 지켰던 것이다."

요컨대 사마천은 수백 년에 걸쳐 출현한 거상들 중 대표적인 인물만 골라 그 치부법을 소개하면서 모두 그 나름의 방법으로 치부했다는 점을 강조한다. 이어 필요할 때는 강력한 결단력(무武)으로 부를 늘렸고, 치부한 다음에는 치밀한 방법(문文), 즉 합리적 경영으로 그 재산을 지켰다는 점이 이들 부자의 공통점임을 지적했다. 그러면서 사마천은 누구든 자신의 재능으로 치부하여 왕처럼 살라고 말한다.

"이로써 미루어볼 때, 부자가 되는 것에는 정해진 직업이 없고, 재물에는 일정한 주인이 없는 것이다. 재능이 있는 자에게는 재물이 모이고, 못난 사람에게서는 기왓장 흩어지듯 재물이 흩어져버린다. 천금의 부자는 한 도시의 군주와 맞먹고, 수만금을 모은 자는 왕처럼 즐겼다. 이것이야말로 '소봉素封'이 아니겠는가?"

소봉, 진정한 부자의 이름

사마천이 말한 '소봉'에 대해 좀 더 알아보자. '소봉'은 소봉가素封家라고도 하는데 걸맞은 직위도 없으면서 제후가 자신의 땅에서 나는 수입에 맞먹는 수입을 가진 부자를 가리킨다. 통속적으로 표현하자면 '무관의 제왕' 정도가 된다.

천금의 거부들인 '소봉'에 대한 사마천의 언급은 얼핏 부자들을 비꼬는 것 같지만 그가 〈화식열전〉과 〈평준서〉에서 보여준 경제관에 비추어보면 이런 거부들의 출현은 시세時勢에 따른 필연적 현상이다. 다만 건전한 경제의 원칙을 지킨 자와 그렇지 않은 자라는 점에서 차이가 날 뿐이다. 이런 사마천의 경제관은 다음의 명언 몇 가지에서도 드러난다.

"농업이 부진하면 먹을 것이 모자라고, 공업이 부진하면 상품 사용이 모자라며, 상업이 침체하면 먹을 것, 재료, 제품의 유통이 끊어지고, 농작물 담당자의 활동이 활발하지 못하면 기본 자재가 적어진다. 기본 자재가 적어지면 산과 못이 개발되지 않는다."

"양식 창고가 차야 예절을 알고, 먹고 입는 것이 넉넉해야 자랑스러움과 부끄러움을 안다. 예절은 경제적 여유에서 생기고, 그 여유가 없으면 예절은 버림받는 법이다."

"그러므로 군자도 부유해야지 기꺼이 덕을 행하고, 소인도 부유해야 있는 힘을 다한다. 연못이 깊어야 물고기가 나고, 산이 깊어야 짐승이 왕래하며, 사람은 부유해야 인의仁義가 따른다."

사마천이 보여주는 경제 논리에서 가장 눈에 띄는 것은 경제, 즉 부가 인간 생활 방식과 질을 결정한다는 인식이다. 지금으로부터 2천여 년 전 역사가의 탁월한 경제 논리가 아닐 수 없다. 특별한 직업을 가진 자가 부를 독점하는 것도 아니고 재물에 주인이 따로 있는 것도 아니라는 그의 인식은 여전히 유효하다. 부와 재물은 능력 있는 사람이 활용하면 몰리지만, 무능한 자에게 가면 금세 무너져버린다는 대목은 흡사 자유 시장 경쟁 원리를 그대로 옮겨놓은 것 같다. 그러면서도 사마천은 경제 논리에서 정당성과 도덕성을 잃지 않는다. 아울러 국가 경제 정책 방향을 제시하는 데 "백성을 풍족하게 하지 않고는 그들의 감정을 조절할 수 없고, 백성을 교화하지 않고는 그들의 본성을 바꿀 수 없다"는 순자荀子의 논리를 수용하고 있다.

이상 살펴본 사마천의 '소봉' 논리는 참으로 귀중하다. 정당성과 도덕성을 지키면서 자신의 재능으로 치부하여 제왕과 같은 삶을 누리라는 사마천의 주장과 그 타당성은 춘추전국이라는 살벌한 경쟁 속에서도 노블레스 오블리주를 실천한 범려, 자공, 백규, 계연 등과 같은 거상들을 맨 위에 올려놓고 소개하는 것에서도 새삼 확인된다.

倉廩實而知禮節 창름실이지예절,
衣食足則知榮辱 의식족즉지영욕

"창고가 차야 예절을 알고, 입고 먹는 것이 풍족해야 영예와 치욕을 안다."_《관자》〈목민〉, 《사기》〈화식열전〉

이 명언의 출전인《관자》의 해당 앞부분을 함께 소개하면 이렇다. "무릇 땅을 가지고 인민을 다스리는 사람은 사계절을 잘 살피는 데 힘쓰고 창고를 가득 차도록 하는 데 힘을 써야 한다. 나라에 재부가 많으면 멀리 있는 사람도 오고, 토지가 개척되면 인민이 그곳에 머물러 산다. 창고가 차야 예절을 알고, 입고 먹는 것이 풍족해야 영예와 치욕을 안다."

《제범帝範》이란 책에서는 "창고가 차야 예절을 알고, 입고 먹는 것이 풍족해야 염치를 안다"고 했다. 당나라 태종 이세민은 "무릇 먹는 것은 인민이 하늘로 삼으며, 농사는 정치의 근본이다"라고 했다. 태종은 통치자라면 인민이 하늘처럼 떠받드는 의식주를 해결하는 일을 가장 중요하게 여겨야 한다고 인식했다. 물질생활이 삶의 기본이라는 것이다.

물질생활이 풍족해지면 다음은 참된 교육이다. 교육을 통해 사람과 세상을 더 나은 쪽으로 이끌어야 하기 때문이다. 인간의 생리적 욕구가 만족되면 심리적 방면의 필요성과 사회적 방면의 요구가 생겨날 수밖에 없다. 이때 인간관계의 기본인 예절, 명예, 치욕을 알아 서로 배려하는 사회적 기풍이 자리를 잡았는지 그 여부가 중요하다. 따라서 이런 양호한 사회적 기풍을 형성하기 위한 참교육이 뒤따라야 한다.

〈화식열전〉 속
거부들의 치부법

〈화식열전〉은 기적과 같은 기록이다. 2,100여 년 전에 살았던 부자 이야기를 남겼다는 것 자체만으로도 경이로움 그 자체가 아닐 수 없다. 더욱이 30여 명에 이르는 거상, 거부들의 치부법과 경제관이 비교적 잘 드러나 있어 춘추시대에서 한나라 초기에 이르는 수백 년 상업사와 상인들의 역사를 압축해서 보여주는 듯하다.

이제 이 부자들의 치부법을 통해 당시 상업사의 흐름과 상인들의 활동상을 살펴보면서 중국 역대 상인들의 원형을 확인하고자 한다. 이에 〈화식열전〉 속 거상, 거부들의 간략한 정보를 일람으로 만들어 함께 살펴본다.

이름	시대(국적 / 활동지)	사업 분야
계연(計然)	춘추 / 월(越)	경제 이론
범려(范蠡)	춘추 / 월(越)	정치, 기업
자공(子貢)	춘추 / 위(衛)	외교, 기업
백규(白圭)	전국 / 주(周)	경제 이론, 사업
의돈(猗頓)	전국 / 노(魯?)	소금 사업
곽종(郭縱)	전국 / 조(趙)	야철 사업
나(倮)	전국, 진(秦) / 오지(烏氏)	축산업
청(淸)	진(秦) / 파(巴)	광산업
탁씨(卓氏)	한(漢) / 촉(蜀)	제철업
정정(程鄭)	한(漢) / 촉	제철업
공씨(孔氏)	한(漢) / 남양(南陽)	제철업
병씨(邴氏)	한(漢) / 조(曹)	물류와 고리대금업
조한(刁閒)	한(漢) / 제(齊)	정보유통업
사사(師史)	한(漢) / 주(周)	유통, 프랜차이즈, 다단계
임씨(任氏)	한(漢) / 선곡(宣曲)	농업과 목축
교요(橋姚)	한(漢) / ?	가축과 곡식

소금과 철로 치부한 의돈과 곽종

전국 후기 경제와 상업을 주도한 품목은 염철, 즉 소금과 철이었다.
하얀 황금으로 불리는 소금은 모든 사람의 생필품이었고, 무한경쟁

경영관(치부 비결)	비고
상품 가격과 수급 간의 건전한 관계와 규칙 제기	범려의 스승으로 전함
정치와 경제 모두 성공. 부의 사회 환원 실천	상신(商神)으로 추앙
대규모 상단을 이끌고 유력자와 대등하게 거래. 홍보의 중요성 인식	공자를 후원한 제자
종합적인 경제이론과 상도, 상덕의 실천 강조	최고의 경제 이론가
소금과 제철로 치부. 왕과 대등한 부를 누림	전국시대 최대의 거부
목축업을 통해 변방 이민족과 교역하여 치부함	진시황의 특별대우
단사광을 개발하여 이익을 독점한 과부 사업가	진시황의 각별한 존중
지역의 특성과 값싼 노동력에 주목하여 성공함	노비 1천을 거느림
포로 출신으로 이민족과 교역하여 성공함	탁씨와 같은 지역 동종업
접대의 귀재로 대규모 수레와 마차로 크게 거래	'유한공자'라는 별명
대장장이에서 행상을 거쳐 고리대금업으로 치부함	자린고비
똑똑한 노예들을 각지로 보내 사업을 시킴	인재 중시
대규모의 수레로 이동식 기업을 차려 치부함	사업에 자부심
기초 산업에 충실하게 매진하여 크게 성공함	원산지 산물 중시
변경 개척 때 여러 종의 동물과 곡식의 씨앗을 얻음	특수 상황의 치부

으로 돌입한 전국시대에 철은 각국의 생명줄이나 마찬가지였던 무기
와 농기구의 원천이었기 때문이다. 위에서 소개한 표에서 보다시피
전국시대를 대표하는 두 거상인 의돈과 곽종은 바로 이 염철로 치부
했다. 천하를 통일한 진나라에서 한나라 초기에 이를 때까지도 제철

이름	시대(국적 / 활동지)	사업 분야
무염씨(無鹽氏)	한(漢) / ?	자금 대출
전색(田嗇)	한(漢) / 관중(關中)	?
전란(田蘭)	한(漢) / 관중	
위가(韋家)	한(漢) / ?	
율씨(栗氏)	한(漢) / ?	
두씨(竇氏)	한(漢) / 안릉(安陵) 두(杜)	
진양(秦揚)	한(漢)	농사
전숙(田叔)	한(漢)	도굴업
환발(渙發)	한(漢)	도박
옹낙성(雍樂成)	한(漢)	행상
옹백(雍伯)	한(漢)	화장품업
장씨(張氏)	한(漢)	주류업
질씨(郅氏)	한(漢)	칼 갈기 사업
탁씨(濁氏)	한(漢)	순대, 곱창
장리(張里)	한(漢)	수의사

업은 단연 두드러졌다. 그럼 먼저 소금업으로 치부한 의돈에 대해 알
아보자.

의돈은 전국시대의 이름난 소금 상인으로 노천 염지鹽池를 경영하
여 사업을 크게 일으켰다. 원래 노나라의 빈궁한 평민으로 농사를 지
어도 늘 굶주렸고 누에를 쳐도 늘 춥게 지낼 정도로 삶이 여의치 않
았다. 이에 의돈은 도주공(범려)을 찾아가 치부법을 물었다. 도주공은

경영관(치부 비결)	비고
오초7국의 난 때 정부에 자금을 대출하여 크게 환수	관중 전체와 맞먹는 부
관중의 부유한 상인과 대상인으로 전 씨 집안	상인 집안
수만금을 소유한 거부들	지역 갑부
주에서 손꼽히는 부호	단일 업종
사업의 발판으로 삼음	
도박으로 치부	
천한 일이라고 무시하는 행상으로 치부	
연지를 팔아 치부	
술장사로 치부	
패도(佩刀)의 유행을 잘 살펴 치부	제후에 버금가는 생활
천한 장사로 크게 치부	수행원을 거느리는 생활
말을 고치는 의술로 치부	제후에 버금가는 생활

범려에게 빨리 부자가 되고 싶으면 다섯 종류의 암컷 가축을 길러야 한다고 일러주었다. 이에 의돈은 하서로 가 의지猗氏 남쪽에서 소와 양을 대량으로 길러 10년 안에 헤아릴 수 없이 많은 돈을 모으니, 그 부가 왕공에 버금간다고 할 정도로 천하에 명성을 떨쳤다.

의돈이 부를 일으킨 의지 지역은 지금의 산서성 해주解州(산서성 해주의 염지는 순 임금 때부터 이름난 상품이었고, 춘추시대에는 진晉이 '나

라의 보물'로 여길 정도였다)의 염지와 가까웠는데, 이에 의돈은 다시 소
금 사업에 뛰어들었다. 의돈은 비교적 생산이 쉬운 노천 염지에서 소
금을 생산하고 판매로를 개척하여 큰돈을 벌었다. 그리고 자기 사업
의 근거지인 의지에서 이름을 따서 스스로 의돈이라 했다. 한비자는
의돈의 부를 거론하면서 "위로는 천자, 제후의 존엄이 있고, 아래로
는 의돈, 도주(범려), 복축卜祝의 부가 있다"고 했다. 당시 의돈의 부가
어느 정도였는지 잘 보여주는 대목이다.

　다음은 야철업으로 거부가 된 곽종이 있다. 전국시대 조나라의 수
도 한단邯鄲은 야철의 중심이었다. 철은 앞서 언급한 대로 소금과 더
불어 생활필수품으로서 거대한 부를 축적하는 양대 사업이었다. 조
나라 출신인 곽종은 한단에서 철을 다루어 사업에서 큰 성공을 거두

의돈은 소금 사업으로 치부하여 왕 못지않은 삶을 누렸다. 사진은 의돈의 무덤 모습.

었는데, 그 부유함이 왕들과 대등할 정도였다고 한다. 야철과 제철로 거부가 된 상인들로는 앞서 소개한 표에서 보듯이 탁씨, 정정, 공씨 등이 있었다. 이들은 진, 한 교체기에 활동한 거상들이었다.

사마천은 전국 후기 이래 규모가 전국 규모로 엄청나게 컸고 영향력이 막대했던 소금과 철이라는 양대 사업에서 엄청난 부를 축적한 의돈과 곽종에 주목했다. 의돈은 목축으로 축적된 상업 자본을 이용하여 생산이 용이했던 노천 염지에 투자했고, 곽종은 야철의 중심지인 한단이라는 지역 기반을 이용하여 치부했다. 그 결과 그들의 부가 왕공에 버금갔다고 했다. 의돈과 곽종은 전국시대 후기에 대거 등장한 거대 상업 자본을 대표하는 거상들이었다.

거부를 탄생시킨 다양하고 독특한 치부법

의돈과 곽종 이후 진한 시기 주요 거상들의 치부법을 시대순으로 간략하게 알아보자. 먼저 오지 지역의 나씨는 목축업으로 치부했다. 그는 변방이라는 지리와 당시 진나라 북방의 흉노라는 세력에 주목했다. 나씨는 이런 상황을 정확하게 인식하여 말과 양을 기르는 데 능한 유목민족인 이민족(주로 흉노)들에게서 말과 양을 사서 기르는 한편, 그들에게는 양식과 옷감 등 중국에서 나는 생필품을 팔아서 크게 이윤을 남겼다. 또 변방에서 키운 양과 말 등은 비싼 값으로 중국 각지에 팔아 막대한 이윤을 챙겼다. 이런 나씨의 사업과 부는 진시황의 눈에도 들어 각별한 대접을 받았다고 한다.

또 유일한 여성 사업가인 과부 청은 광산업으로 치부한 인물이다. 그와 더불어 제철업으로 크게 성공한 탁씨 등은 뒤에서 다시 별도로 살펴보겠다.

다음으로 병씨는 고리대금으로 치부한 사업가로, 대장장이에서 행상을 거쳐 크게 성공한 입지전적인 인물이었다. 병씨는 또 자린고비로도 이름을 날렸다. 어려웠던 시절을 잊지 않고 모든 것을 아꼈고, 이를 생활 철학으로 확립했다.

조한은 독특한 사업 수완을 발휘했다. 그는 자신의 사업을 돕는 종업원을 선발할 때 자기 몸 하나는 충분히 지킬 수 있는 똑똑한 노예들을 기용했다. 각지를 돌며 최신 정보를 수집하고 그에 맞추어 상품을 유통시키는 사업을 했기 때문에 무엇보다 신변의 안전이 중요했기 때문이다.

사사는 유통업을 주로 하되 오늘날의 프랜차이즈 개념을 도입했으며 필요하면 다단계 방식까지 취했다. 대규모 포장마차를 끌고 이동식 기업을 경영했는데 자신의 사업에 자부심이 대단했다고 한다.

임씨는 농·목축업으로 거부가 된 인물로, 원산지 산물을 중시했다. 교요도 가축과 곡식을 교역하여 치부했는데 변경을 개척하면서 종자 사업에 착안하여 큰돈을 벌었다. 정책과 지역에 맞추어 사업 아이템을 개발한 경우였다.

무염씨는 자신이 보유한 자본을 정치판에 투자했는데, 한나라 초기 오초 7국의 반란 때 자금이 필요한 조정 편에 서서 거금을 대출했다. 결과적으로 조정이 난을 진압하여 무염씨는 원금과 함께 어마어마한 이자를 돌려받았는데, 그 부가 관중의 부와 맞먹을 정도였다고 한다.

전색과 전란은 상인 집안의 업을 이어 상업 활동에 종사한 인물들이었고, 진양은 농사라는 단일 업종에 전념하여 주에서 손에 꼽히는 부를 축적했다.

전숙과 환발은 도굴과 도박으로 치부한 특이한 경력의 인물들이었으며, 옹낙성은 행상으로 거부된 입지전적인 인물이었다. 옹백은 당시 여성의 필수 화장품인 고급 연지를 팔아 천금을 벌었고, 장씨는 술장사로 천만금을 벌었다.

한편 질씨는 칼을 가는 사업으로 치부하여 제후에 버금가는 호화로운 생활을 누렸다고 한다. 여기서 눈여겨 볼 것은 바로 이 칼 가는 사업이다. 전국시대 이래 남성들 사이에서는 몸에 멋진 긴 검劍과 짧은 도刀를 차고 다니며 뽐내는 풍습이 널리 퍼져 있었다. 상대에게 자신

한나라 때의 노름인 육박六博을 나타낸 벽돌 그림.

의 검과 도를 자랑하려면 늘 번쩍번쩍 빛나게 갈아야만 했다. 질씨는 바로 이 점에 주목하여 칼 가는 사업을 시작하고 아무 때나 칼을 갈 수 있는 사업장을 마련했던 것으로 보인다.

탁씨는 순대와 곱창 장사로 수행원을 거느리며 살 정도로 치부했고, 장리는 수의사로서 동물을 돌보는 사업으로 치부하여 제후 못지 않은 삶을 누렸다.

사마천은 이렇듯 다양한 사업과 치부법을 소개하면서 누구든 자신의 재능을 활용하여 치부하고 이를 마음껏 누리면서 살라고 했던 것이다. 다시 한 번 사마천의 통찰력에 감탄하지 않을 수 없다.

● 명언·명구 ─────────────────────

以末致財이말치재, 用本守之용본수지
以武一切이무일체, 用文持之용문지지

"상업을 하여 재물을 얻고, 농업에 힘써 재산을 지켰다. 강력한 무의 방법으로 모든 것을 얻었고, 점잖은 문의 방법으로 그것을 지켰다."
_《사기》〈화식열전〉

사마천의 경제관을 잘 보여주는 명구다. 사마천은 〈화식열전〉 속 역대 부자들이 모두 불법적인 방법이 아닌 자신의 재능을 충분히 활용하여 치부하여 누구 못지않은 삶을 누렸다고 했다. 그런 다음 말업인 장사로 돈을 벌었지만 본업인 농사로 그것을 지켰으며, 한순간의 과감한 결단력으로 치부했지만 치부한 뒤에는 차분하게 그것을 지켰다는 위의 명구로 정리했다.

청,
진시황이 존경한 여성 사업가

    최초로 중국 전체를 통일하고 최초의 황제가 된 진시황은 2천 년 동안 폭군이라는 오명에 시달렸다. 물론 지금도 그를 둘러싼 논쟁은 식지 않고 있으나, 이런 진시황에게는 잘 알려져 있지 않는 특별하고 특이한 면모가 있었다. 그는 여러 가지 콤플렉스에 시달린 권력자였으나 누구보다 책을 많이 읽은 제왕이었다. 또 여성 혐오증이 심해 죽을 때까지 정식 황후를 두지 않았다. 그런데 이 지독한 여성 혐오증에도 불구하고 단 한 사람의 여성을 몹시 존중하고 존경했다. 그녀는 파巴(지금의 사천성) 지역에서 광산업을 경영했던 사업가로 이름은 청이라 했다. 게다가 그녀는 젊은 나이에 남편을 잃은 청상 과부였다.

통일 제국의 전제 조건, 도로망을 구축한 진시황

청이란 여인에 대해 알아보기 전에 중국 역사상 최초의 통일 제국을 건설한 진시황의 이미지부터 들여다보자. 진시황 하면 사상과 언론 탄압의 대명사인 '분서갱유焚書坑儒'와 각종 통일 정책으로 그 이미지가 요약된다. 먼저 통일 정책을 꼽자면 화폐, 문자, 도량형의 통일이 주요 내용이다. 진시황은 이런 통일 사업을 실질적으로 뒷받침하는 인프라 구축에 심혈을 기울였는데, 무려 다섯 종류에 달하는 도로망 구축이 가장 중요했다. 군사 전용 도로와 황제 전용 도로를 비롯한 다섯 종류의 도로망은 통일된 화폐, 문자, 도량형을 전국으로 빠르게 전파하는 네트워크 구실을 했다.

무리한 측면이 없지 않았지만 진시황의 토목 사업, 그중에서도 도로 건설은 경제를 염두에 둔 장기적 안목에서 나온 국책 사업이었다. 이런 점에서 진시황의 도로망 구축 사업은 재평가될 필요가 있다. 통신망이 역참과 봉수대 정도로 국한되어 있던 시대에 도로망 구축은 커뮤니케이션을 위한 절대적인 인프라였다. 또 각지의 생산품을 전국적인 규모로 전달하기 위해서도 반드시 구축해야 할 국가적 차원의 인프라였다.

다양한 형태로 구축된 도로망을 따라 통일된 화폐와 문자, 도량형이 보급되고, 각지의 다양한 산물이 전국적 규모로 교환됨으로써 국가 경제 활성화에 지대한 역할을 하게 된 것이다. 요컨대 진시황의 도로망 구축은 7배 가까이 커진 통일 제국의 경제 활성화를 위해 반드시 필요한 사업이었고, 동시에 각종 통일 사업을 효율적으로 빠르게 완수하는 데 절대적으로 필요한 인프라였다.

진나라는 진시황 통일 이전부터 점령 지역의 사업가들을 타 지역으로 이주시켜 지역 경제를 활성화하는 매우 앞선 경제 정책을 선보였다. 이런 경제 정책은 훗날 진시황에게도 영향을 주어 진시황이 기업가들을 우대하는 모습으로 나타났다.

남녀 차별 없는 진시황의 기업인 우대

파촉(지금의 사천성) 지역에서 제철업으로 크게 사업을 키우고 부호가 된 탁卓씨 집안 등은 진나라가 조나라를 격파한 이후 이주시킨 대표적인 사업가였다(탁씨를 비롯해 이주 상인으로서 거상이 된 인물들에 대해서는 별도로 언급하겠다).

사업가들을 각지로 이주시켜 지역 경제를 활성화시키는 이 정책은 통일 후에도 지속됐다. 오지烏氏 지방의 나倮라는 사람은 목축으로 치부했는데, 이를 밑천 삼아 진기한 물건이나 옷감 따위를 사서 융족의 왕에게 바쳤고 그 보상으로 가축을 받아 사업의 규모를 점점 불려 나갔다. 그가 키운 가축의 규모가 어느 정도였는가 하면, 가축을 셀 때 마리 단위로 세는 것이 아니라 가축이 있는 골짜기를 세야 할 정도였다. 진시황은 이런 나씨를 군君의 작위를 받은 자들과 동등하게 대우했으며, 정기적으로 다른 대신들과 함께 조정에 들어와 조회에

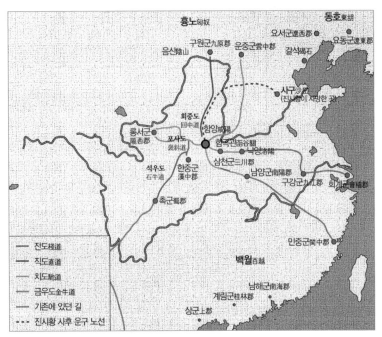

흉노匈奴
동호東胡
구원군九原郡
요서군遼西郡
요동군遼東郡
음산陰山
운중군雲中郡
갈석碣石
사구沙丘
(진시황이 사망한 곳)
회중도
回中道
룽서군
隴西郡
함양咸陽
포사도
褒斜道
함곡관函谷關
낙양洛陽
석우도
石牛道
한중군
漢中郡
삼천군三川郡
남양군南陽郡
촉군蜀郡
구강군九江郡
회계군會稽郡

민중군閩中郡

백월百越

— 잔도棧道
— 직도直道
— 치도馳道
— 금우도金牛道
— 기존에 있던 길
- - - 진시황 사후 운구 노선

계림군桂林郡
남해군南海郡
상군上郡

진시황이 구축한 통일 제국의 도로망을 보여주는 지도.

참석하는 특권까지 부여했다.

진시황의 기업인 우대에는 남녀 차별이 없었다(엄밀히 말하자면 특정 여성 한 사람을 특별대우했다). 진시황이 여성 사업가인 청을 얼마나 중시하고 우대했는지에는 〈화식열전〉에 기록으로 잘 남아 있는데, 이는 진시황의 다른 면모를 보여주는 중요한 기록이다.

여성 혐오증 진시황이 존경한 유일한 여성

진시황과 관련하여 잘 알려지지 않은 사실 가운데 하나가 앞서 잠깐 언급한 대로 정식 황후를 두지 않았다는 점이다. 진시황의 전기인 〈진시황본기〉에도 여성에 관한 기록은 거의 없다. 생모를 가리키는 '여불위의 첩'이란 대목과 '모태후의 죽음' 정도가 거의 전부다. 기록의 한계가 있겠지만 진시황의 여성 혐오증을 입증하는 간접 증거가 될 수 있겠다.

생모를 제외하고 진시황과 관련된 여성이라면 〈화식열전〉에 짤막하게 기록되어 있는 과부 청이 전부다. 그 기록을 보자.

"파巴 지역에 청淸이라는 과부가 있었다. 조상이 단사丹砂를 캐는 광산을 발견하여 몇 대에 걸쳐 이익을 독점해왔고 이로써 헤아릴 수 없을 정도로 많은 가산을 소유하게 됐다."

"청은 과부의 몸으로 가업을 잘 지키고, 재물을 이용하여 자신을 지키며 타인에게 업신여김을 당하지 않았다. 진시황은 그녀를 정조가 굳센 부인이라 하여 손님으로 대우했고, 또 그녀를 위해 '여회청대女懷淸臺'까지 지어주었다. 이처럼 나(앞서 언급한 오지 현의 목축업자)는 비천한 목장주였고, 청은 외딴 시골의 과부에 지나지 않았으나 만승의 지위에 있는 황제와 대등한 예를 나누고 명성을 천하에 드러냈으니 이 어찌 재력 때문이 아니리오?"

이 두 기록의 요점은 이렇다. 오늘날 사천성 지역에서 단사 광산업을 하는 과부 청은 가업을 잘 유지하면서 자기 몸(정조)도 잘 지켜내 진시황으로부터 정조가 굳센 여인으로 칭찬을 받은 것은 물론이고, 황제와 대등한 예를 나누는 손님 대접을 받았다. 더욱이 진시황이 그녀의 정절을 기리는 '여회청대' 또는 '회청대'라는 건물까지 지어주었다는 것이다(이 건축물을 사업가들의 모임 장소로 보는 의견도 있다).

진시황의 기록에서 어머니를 제외하고 여성에 관한 것은 과부 청이 거의 전부다. 그만큼 과부 청에 대한 진시황의 관심이 남달랐다는 뜻이기도 하다. 진시황의 어머니는 어마어마한 권력을 가진 것도 모자라 여불위와 간통하고 나아가 천한 노애와 음탕한 짓을 아무렇지 않게 저질렀다. 이랬던 어머니와는 너무나도 대비되는 여인 앞에서 진시황은 자신이 진정으로 바라는 여인상을 발견했던 것 같다. 혼자의 몸으로 정조를 굳게 지키며 당당하게 가업을 지켜내는 청의 모습이 진시황에게는 신비롭게 비쳤을 것이다. 그래서 특별히 '여회청대'까지 지어 그녀의 정절을 기리지 않았을까? 이는 진시황의 잘 알려져 있지 않은 또 다른 면이다.

정조를 지키며 막대한 재력을 일군 과부, 청

진시황이 청을 우대한 까닭은 앞에서 분석한 대로 여성 혐오라는 콤플렉스 때문이었다. 그러나 이것이 다는 아니었을 것이다. 사마천은 청이 진시황의 우대를 받은 것이 바로 그 재력 때문이라고 단언했다. 즉, 그녀의 사업과 그에 따른 막대한 부가 현실적으로 진시황의 우대를 끌어냈다는 분석이다. 정황상 당연한 분석이라 하겠다.

사업가로서 청이 진시황의 우대를 받은 데는 그녀의 정조와 부 외에도 단사를 캐는 광산업이란 사업 그 자체가 크게 작용한 것으로 보인다. 단사는 광택을 지닌 짙은 붉은색 광물로, 오래전부터 이것으로 단약을 만들어 복용하면 불로장생하여 신선이 된다는 미신이 있어 방사들이 많이 사용했다. 잘 알다시피 진시황 역시 불로장생과 신선술에 심취했기에 이 단약을 복용했고, 때문에 단사광을 운영하는 청에게 관심을 가질 수밖에 없었던 것이다.

사업가로서 청은 아버지의 사업을 물려받아 과부의 몸으로 정조를 지키며 사업을 잘 지켜냈다. 여기에 진시황의 관심이 보태지면서 두 사람은 여러 모로 서로 존중하기에 이르렀다. 진시황은 자신의 부정적 인식과는 전혀 다른 여성 청을 만나면서, 생모나 다른 여성들과 차원이 다른 그녀를 존중하고 존경하게 됐으며, 청은 진시황의 우대를 받아 자신의 사업을 굳게 지켜나갈 수 있었다. 물론 이렇게 축적한 막대한 부로 청은 진시

〈화식열전〉에 등장하는 부자들 중에 청은 유일한 여성 사업가다. 진시황은 성별을 떠나 그녀를 사업가로서 우대했다.

황을 여러 모로 도왔을 것이다. 그녀가 죽은 뒤 진시황이 기념관까지 지어줬다는 사실은 두 사람이 단순한 사업적 이해관계를 넘어 인간적 공감대를 형성했을 것이란 가능성을 짐작하게 한다.

사마천은 〈화식열전〉을 남기면서 참으로 귀하게도 여성 사업가 과부 청의 행적을 가감 없이 남겼다. 덕분에 우리는 통일 후 진시황이 취한 경제 정책과 함께 상인들의 생생한 활동상을 살필 수 있는 놀랍고도 귀한 자료를 얻을 수 있었다.

● 명언·명구 ————————————————————

必知富之事然後能富필지부지사연후능부

"치부의 요령을 반드시 알아야만 부유해질 수 있다."

_《관자》〈제분制分〉 편

관중은 사회경제를 운행하는 데 국가 정권의 조정과 관리 작용이 충분히 작동해야 한다는 점을 강조하고 있다. 즉, 국가가 다양한 정책과 법령 완비 등을 통해 경제 활성화를 지원하고, 문제가 발생하면 적극 나서 조정하라는 것이다. 쉽게 말해 정경유착의 긍정적인 측면을 강조한 셈이다. 또한 관중은 행정 수단을 운용하기 위해 경제를 관리할 것을 강조하되 국가는 경제 운행의 객관적 규율을 정확하게 인식하여 그에 따라야 한다는 단서를 달았다. 요컨대, 국가가 섣불리 나서 경제 운행에 방해가 되거나 경제 활성화의 발목을 잡는 멍청한 행정 수단이 동원되어서는 안 된다는 요지다. 이런 점을 염두에 두고 위의 명구 앞뒤 대목을 모두 소개하면 다음과 같다.

治而未必富也치이미필부야, 富者所道强也부자소도강야,

而富未必强也이부미필강야, 而必知强之數이필지강지수,

然後能强연후능강

"다스림이란 부유함을 꾀하는 것이지만 다스린다고 꼭 부유해지는 것은 아니다. 치부의 요령을 반드시 알아야만 부유해질 수 있다. 부유함은 강함을 꾀하는 것이지만 부유하다고 다 강해지는 것은 아니다. 강해질 수 있는 술수를 알아야만 강해질 수 있다."

관자의 말은 곧 정치를 한다고 다 부유해지는 것이 아니라 부유해질 수 있는 방법과 요령 등 경제 이론과 실천 경험 등을 갖추어야만 비로소 부유해질 수 있다는 뜻이다. 따라서 나라는 백성의 부와 나라의 경제 발전을 위해 '정책적 법적 도움은 최대한, 간섭은 최소한'이란 원칙을 견지하며 조정자 역할을 해야 한다.

역대 중국 10대 거부,
유근, 화신, 송자문, 오병감

육신은 사회주의, 영혼은 자본주의

중국인의 경제관념은 수천 년 역사를 자랑한다. 신석기 시대에 이미 조개껍질 등을 화폐 대용으로 사용했던 중국은 금속 화폐의 역사만도 2,500년을 상회한다. 따라서 어느 나라나 비슷하겠지만 역사적으로 엄청난 부를 축적한 갑부들을 향한 중국인의 관심은 남달리 높았고 이는 지금도 마찬가지다.

부와 부자들에 대한 역사적 관심은 사마천의《사기》〈화식열전〉에 본격적으로 표출됐다. 사마천은 춘추시대부터 한나라 초기에 이르는 동안 다양한 방법으로 치부한 상인과 부자들 30여 명을 소개하며 부와 부자에 대한 관심과 논쟁을 촉발했다. 이 기록은 말하자면, 중국 역사상 처음 부자 이야기를 정통 역사서에 수록하여 신기원을 이룬 놀라움 그 자체였다.

　그러나 이렇듯 시대를 훌쩍 앞서간 놀라운 역사관은 사마천을 기점으로 오히려 후퇴했다. 《사기》 이후 역사서에서 부자 이야기가 사라졌기 때문이다. 유교정통주의에 찌든 수구 기득권 지배 세력이 부와 상인을 천시하는 위선적이고 가증스러운 경제관으로 부와 부자에 대한 논의를 원천봉쇄했기 때문이다.

　〈화식열전〉에 대한 재조명은 근대에 와서 이루어졌다. 산업혁명에 성공하여 막강한 국력과 군사력을 보유한 서양 열강들이 중국을 침탈하자 경제력이란 문제에 주목하기 시작했다. 이에 따라 〈화식열전〉은 《사기》 130권의 백미로 평가받기 시작했고, 심지어 〈화식열전〉을 읽지 않고는 《사기》를 읽었다고 하지 말라는 극단에 가까운 평가지 나왔다.

　1949년 신중국 성립으로 중국 대륙에 사회주의 정권이 수립됐다. 그러나 1960년대 중후반 이른바 '문화대혁명'이란 정치권력의 충돌로 중국은 극심한 병목 위기라는 내분을 겪었다. 이 기간 동안 자본과 자본가에 대한 극렬한 혐오와 탄압이 진행되었고, 이에 따라 부와 부자에 대한 학문적 관심을 비롯해 일반적 관심도 억압당했다. 그러나 1978년 덩샤오핑이 집권하여 개혁개방을 내세우면서 경제 문제가 국가적 차원으로 급부상했다. 이후 중국 경제는 급성장했고 자연스럽게 부와 부자들에 대한 관심도 크게 높아졌다. 나아가 2017년 기준 세계

100대 IT 부자들 중 아시아에서 가장 큰 비중을 차지하기에 이르렀다 (100대 부자 중 아시아인은 33명이다. 이 가운데 절반 이상이 중국과 홍콩 부자다).

천 년 역사에 길이 남은 중국 거부를 선정하다

"돈은 사람을 변하게 하는 것이 아니라 본질(본성)을 드러내게 하는 것이다"라는 말이 있다. 부에 대한 관심은 어쩌면 인간의 원초적 본능에 가까운 호기심이 아닌가 한다. 2001년 〈월스트리트 저널The Wall Street Journal〉 아시아판은 흥미로운 기획 기사 하나를 실었다. 이른바 지난 1천 년 이래 세계 최고의 거부 50명을 선정한 것인데, 그중 6명이 중국인이었다(칭기즈칸, 쿠빌라이, 유근, 화신, 오병감, 송자문). 잡지는 역대 거부들을 선정하고, 그들의 주요 행적과 치부법을 소개했다. 이 기획 기사가 나가자 중화권의 많은 사람들이 큰 관심을 보였고, 일부 네티즌들은 중국 역대 거부들 중 10명을 추려 자체적으로 10대 거부를 선정하기도 했다. 이렇게 선정된 인물은 유근劉瑾, 화신和珅, 송자문宋子文, 오병감伍秉鑒, 등통鄧通, 양기梁冀, 여불위呂不韋, 석숭石崇, 심만삼沈萬三, 범려范蠡(도주공)였다(〈월스트리트 저널〉이 선정한 6명 중에서 칭기즈칸과 쿠빌라이를 뺀 4명이 포함된 셈이다).

부와 부자에 대한 중국인의 관심은 중국 경제가 성장하면서 갈수록 높아졌다. 이런 관심을 반영하듯 2007년 〈경영관리자〉라는 잡지는 '중국 고대 10대 CEO'를 선정하기도 했다. 이 기획 기사는 과거 부상들과 오늘날 중국 각지의 이름난 CEO를 연계시켜 소개하여 더욱 관심을 높였다. 이 잡지가 선정한 고대 10대 CEO는 모두 상인들이었는데, 시대순으로 범려, 의돈猗頓, 여불위, 탁왕손卓王孫, 과부 청, 심만삼, 뢰이태雷履泰, 교치용喬致庸, 성선회盛宣懷, 오병감이었다. 주목할 점은 이들 10명 가운데 앞쪽 5명이 모두《사기》〈화식열전〉에 수록된 인물이라는 것이다.

한편 네티즌들이 선정한 역대 거부 10명 중 상인은 범려, 여불위, 심만삼, 오병감 4명이었으며 나머지는 관료와 제왕의 측근들이었다. 이들이 축적한 재산을 기준으로 선정한 결과로, 상인의 비중이 절반에 미치지 못한다는 점은 다소 뜻밖이라 하겠다. 아마 일반인들의 흥미가 반영된 결과이기 때문일 것이다. 이런 점을 감안하면서 지금부터 역대 거부들의 면면을 간략하게 살펴보도록 하겠다. 이미 살펴본 범려와 여불위를 제외한 8명의 거부와 거상들을 대상으로 하되, 치부 과정과 그 방법을 통한 이들의 성공과 몰락에 초점을 맞추어보겠다.

뇌물로 반백 년 국가 재정에 맞먹는 재산을 치부한 유근

"한 사람은 앉아 있는 황제요, 한 사람은 서 있는 황제라. 한 사람은 주씨朱氏 황제요, 한 사람은 유씨劉氏 황제로구나."

이 말은 명나라 무종武宗 (1491~1521, 1505~1521 재위)이 황제일 때 수도 안팎에 떠돌던 소문이다. 여기서 말하는 '앉아 있는 황제와 주씨 황제'는 다름 아닌 무종 주후조朱厚照를 가리키는 말이고, '서 있는 황제, 즉 유씨 황제'란 당시의 간신 유근劉瑾을 가리키는 말이다. 유근이 당시 얼마나 막강한 권력을 쥐고 있었는지 잘 보여준다.

영화 속에 등장하는 유근의 캐릭터도 역사적 사실에 가깝게 교활하고 잔인하게 묘사되어 있다.

유근은 명나라 초의 거물급 간신이자 환관이었다. 그는 6세라는 어린 나이에 성기를 자르고 궁궐에 들어가 환관이 됐다. 환관 유근의 치부는 모두 황제의 권력을 빙자한 간행을 통해 거둔 뇌물이었다. 따라서 그가 부를 축적한 과정과 방법 등을 알아보기 위해서는 먼저 그가 황제를 어떻게 농락했는지 살펴볼 필요가 있다.

유근이 모셨던 황제 무종은 어려서부터 총명하고, 말타기와 활쏘기도 잘했으며, 일 처리도 시원스러웠다. 만약 잘 이끌었더라면 꽤 괜찮은 황제가 되었을 것이다. 그러나 아버지 효종孝宗은 자기 일에만 신경 쓰고 아들에게 관심을 기울이지 않았다. 게다가 적당한 선생조차 구해주지 않았다. 그 결과 일찌감치 유근, 강빈江彬(?~1521) 등 아첨이나 떨며 귀여움을 차지하려는 간신·소인배들 손아귀에 놀아나

나랏일을 아이들 장난쯤으로 여기는 황당한 황제가 되고 말았다.

무종은 불과 15세의 나이에 황제 자리에 올랐다. 정상대로라면 한참 발전하고 성장하기 위해 분발해야 할 나이라 할 수 있었다. 그러나 '팔호八虎'로 불리던 유근 등은 전대의 거물급 간신이었던 왕진王振을 본받아 춤과 노래를 비롯해 온갖 향락으로 무종을 방탕의 길로 빠져들게 했다. 심지어는 한밤에 미복을 하고 밖에 나가 밤새 놀다가 돌아오는 것도 잊어버릴 정도로 부추겼다. 민간의 아녀자들까지 강탈하기 일쑤였으며 무종을 위해 기표방起豹房이라는 것을 만들어 호랑이나 표범 따위와 같은 맹수와 싸우게 해서 심할 때는 무종이 조회에 나가지도 못할 정도로 부상을 입기도 했다.

유근은 자신과 패거리의 권력을 강화하여 국정을 농단하기 위해 고문·살인을 전문적으로 일삼는 동창東廠과 서창西廠을 창설했다. 무자비한 탄압 기구였다. 억울한 사건을 수없이 날조해 많은 사람을 모진 고문과 살인으로 죽여 없앴다. 동창과 서창에 잡혀와 살아나가는 사람은 거의 없었다. 형벌은 가혹하고 너무 악랄해서 듣기만 해도 소름이 끼칠 정도였다. 차마 눈뜨고 볼 수 없는 처참한 광경이 매일 벌어졌다. 형벌 중에서 가장 점잖다는 정장廷杖 30~40대면 혈관이 터지고 모든 피부 조직이 허물어져 이내 죽고 말았다. 정장이란 관리에게 잘못이 있거나 임금에게 거슬리는 언행을 했을 때 임금 앞에서 곤장을 치던 형벌이다. 동·서창에서는 이 형벌을 임금과 상관없이 수시로, 그리고 멋대로 자행했다. 동·서창에서 가한 형벌들 중 그나마 정장이 가장 가벼운 형벌이었다.

그 뒤 유근은 통치를 더욱 강화하기 위해 금의위·진무사 鎭撫司·동창·서창 외에 내창內廠이라는 것을 만들었다. 피비린내로 가득한 다섯 곳의 살인 기구를 통해 자신들에게 반대하거나 협력을 거부하는 관민들을 무자비하게 짓밟았다. 그 잔혹함이란 상상을 초월했다. 이런 형벌에는 예외 없

유근의 부정과 비리 및 엄청난 축재 뒤에는 자질이 떨어지는 절대 권력자 무종이 있었다.

이 엄청난 돈이 뒤따랐다. 걸려든 사람의 가족과 친지들은 전 재산을 갖다 바쳐야 했다. 유근은 뇌물과 형벌을 빙자한 갈취를 일삼아 어마어마한 부를 축적했던 것이다.

그런데 이렇게 막강한 권력을 휘두르던 유근을 제거한 사람은 다름 아닌 그의 동료이자 '팔호' 중 하나였던 태감 장영張永(1465~1528)이었다. 장영과 유근은 원래 아주 가까운 사이였으나 유근이 권력을 독점하는 데 불만을 품고 점점 거리가 생겼다. 그 뒤 유근이 무종에게 장영은 쓸모없어졌으니 그를 내쫓자고 말한 것이 장영에게 알려졌다. 장영은 유근에 의해 관직을 박탈당했던 양일청楊一清(1454~1530)과 연합하여 유근이 저지른 죄를 17조목으로 정리해서 그를 탄핵했다. 동시에 유근의 집에서 갑옷이며 활, 그리고 늘 몸에 지니고 다니던 아주 예리한 비수를 숨긴 부채를 찾아냈다. 무종은 지금까지 줄곧

자신의 머리 위를 오가던 그 부채를 보고는 간담이 서늘해졌다. 무종은 유근을 능지처참한 후 목을 저잣거리에 내걸어 모두에게 내보였다. 일설에는 유근이 3천 번이 넘는 칼질로 능지처참을 당했으며, 그의 시신이 내걸리자 성난 백성들이 달려들어 뜯어먹었다고 한다.

역사상 황제의 권력에 기대어 온갖 비리와 악행을 저지른 자들치고 부정 축재에 열을 올리지 않은 경우는 없었다. 유근은 그중에서 특히 유별났다. 생전에 매관매직과 뇌물 등으로 받아 챙긴 돈만 황금 33만 킬로그램, 백은 805만 킬로그램에 이르렀다(재산에 대해서는 기록에 따라 다르게 나타난다). 이 재산이 어느 정도인지는 정확히 알 수 없으나 훗날 명나라를 멸망시킨 농민봉기군의 수령 이자성李自成이 북경에 진입하여 숭정제崇禎帝 때 1년 동안의 재정 수입을 조사해보니 백은 20만 킬로그램이었다고 한다. 기타 수입 등을 고려하여 이를 기준으로 단순하게 비교해보면, 유근이 부정하게 축재한 재산은 적어도 한 나라의 수십 년 재정에 맞먹는다. 그의 부가 어느 정도였는지 짐작할 수 있을 것이다.

화신이 죽자 가경이 배불리 먹었다?!

화신(1750~1799)은 18세기 청나라 건륭제乾隆帝 무렵의 거물급 탐관오리다. 모든 탐관오리가 그렇듯 그 역시 재산 축적에 수단과 방법을 가리지 않았다. 물론 그 뒤에는 황제 건륭제가 있었다.

화신의 축재를 가능하게 했던 뒷배가 건륭제였다면, 그 뒷배는 다름 아닌 화신의 수완이었다. 요컨대 축재의 근원은 화신의 수완이었던 것이다. 화신의 수완은 건륭제의 비위를 절묘하게 맞추는 것이었다. 건륭제는 청나라의 전성기를 구가한 현명한 명군으로 평가받는 황제다. 그런 그였지만 화신의 혓바닥 하나를 극복하지 못했다.

화신이 건륭제의 비위를 어떻게 맞추었는지 두 가지 사례를 소개해보겠다. 알다시피 건륭제는 문학과 역사를 좋아해서 그 정리 작업에 많은 열정을 쏟았다. 당시 24사를 간행하면서 건륭은 친히 교정을 보았는데 잘못된 글자를 찾아내면 마치 큰일이나 한 것처럼 기뻐했다. 화신는 이러한 건륭의 심리를 파악하고 쉽게 찾아낼 수 있는 곳에다 일부러 틀린 글자를 써넣어 건륭으로 하여금 바로잡도록(?) 했다. 이런 변칙으로 건륭을 기쁘게 하고 환심을 샀던 것이다. 이는 면전에서 학식이 깊고 높다고 칭찬하는 것보다 훨씬 큰 효과를 가져다주었다. 간신배들은 이렇듯 남의 생각을 살피는 데 민첩하고 눈치가 빠르다.

건륭제는 막내딸인 열째 공주를 가장 아끼고 사랑했다. 이 딸을 너무 예뻐한 그는 늘 "이 아이

청 왕조는 어리석은 군주가 없었다는 평가가 있을 만큼 정상적인 정치를 펼쳤으나, 그럼에도 화신이란 탐관오리를 배출했다. 절대 권력이 깨끗하긴 그만큼 힘들다는 원칙 아닌 원칙을 화신을 통해 씁쓸하게 확인한다. 사진은 드라마에 등장한 '늙은 여우' 화신의 모습.

청의 전성기를 구가했던 건륭제에게 화신은 금고지기였다는 평가가 따른다. 특히 여러 차례에 걸친 건륭제의 강남 행차 비용 같은 비자금을 화신이 관리했다는 분석이 나온다. 사진은 선비 차림을 한 건륭제의 모습.

가 크면 나를 닮아 틀림없이 복이 넘칠 거야"라고 말하며 틈만 나면 이 딸을 데리고 장난치며 놀아주었다. 건륭제는 수시로 "네가 남자로 태어나지 못한 게 안타깝구나. 남자였다면 볼 것도 없이 너를 태자로 삼았을 텐데!"라며 열째 공주의 말이라면 백이면 백 다 들어주었다. 그러던 어느 날, 건륭제가 원명원圓明園으로 놀러 나갔다. 화신이 이를 수행했고 열째 공주도 남장을 하고 따라갔다. 때는 새해라 원명원 안에 시장이 섰다. 먹을거리, 장난감, 술집, 식당 등 없는 게 없었다. 모두 황궁에 물건을 대는 장사꾼들이었다.

열째 공주는 신이 나서 이것저것을 구경하다가 한 점포에 걸려 있는 진홍색 옷을 보고 두 눈을 반짝였다. 짧은 순간에 스친 이 지극히 미묘한 감정의 변화를 화신은 놓치지 않았다. 지체 없이 그 점포로 달려가 28금이란 높은 값을 주고 그 옷을 샀다. 물론 공주에게 바치기 위해서였다. 아니나 다를까 공주는 뛸 듯이 기뻐했다.

대부분 간신이나 탐관오리의 몰락은 그 뒷배가 사라지는 동시에 닥친다. 화신 역시 마찬가지였다. 건륭제가 죽자 가경제嘉慶帝는 화신을 제거하기 위해 먼저 그의 재산을 조사하여 압수했다(이를 묘초籍

화신은 20여 년간 청나라 10년 재정 수입을 넘어서는 부를 손에 넣은 거물급 탐관오리였다. 그림은 화신의 위세를 잘 보여주는 풍자화.

抄라 한다). 화신의 재산은 부동산만 집 2천여 채, 논밭 8천여 경頃(1경이 대체로 2만 평이므로 모두 약 1억 6천만 평)에 이르렀다. 그밖에도 규모가 비교적 큰 개인 금고인 은호銀號가 열 군데에 자본금은 60만 냥(1냥이 대체로 37그램 정도이므로 2만 2천 킬로그램 이상), 전당포 열 군데에 자본금은 은 80만 냥(약 3만 킬로그램)이었고, 금고에 순금이 5만 8천 냥(약 2천 킬로그램), 은고銀庫에 은덩이인 은원보銀元寶 등이 895만 5천 개에 달했다. 보물 창고·비단 창고·인삼 창고는 언제나 넘쳐흘렀다. 훗날 관에서 몰수한 109호 은호에 예치되어 있던 액수는 두 차례 외국으로부터 빌려 쓴 차관의 총액과 맞먹을 정도였다.

완전한 통계는 아니지만 화신이 약 20년 동안 긁어모은 재산은 무려 8억 냥에 이르렀다고 한다. 이 액수는 청나라 조정의 10년 재정 수입보다 많은 액수였다. 때문에 화신이 실각한 뒤 '화신이 쓰러지자 가경(청나라 인종의 연호)이 배불리 먹었다'는 말까지 나돌았던 것이다.

송자문, 횡령으로 치부한 송씨 왕조의 왕자

중국 근현대사에서 민국 연간(1912~1949)은 장개석蔣介石(장제스)의 국민당과 모택동毛澤東(마오쩌둥)의 공산당이 치열하게 권력을 다투었던 시기다. 장개석 정권은 부패한 관료 집단이었지만 미국으로부터 재정과 군사적 지원을 받아 전력 면에서 공산당보다 훨씬 우세했다. 그러나 결과는 공산당과 중국 인민의 승리였고, 장개석은 대륙에서 쫓겨나 타이완으로 도망쳤다.

장개석 정권에서 재정을 책임진 인물은 '송씨 왕조宋氏王朝'로 불리던 그 유명한 송씨 집안의 송자문이었다. 송자문 집안이 '송씨 왕조'로 불린 데는 송자문의 형제자매인 1남 3녀 모두가 막강한 인물들과 연관되었기 때문이다. 만딸인 송애령宋靄齡은 당시 금융인으로 손에 꼽히는 부호였던 공상희孔祥熙와, 둘째 딸인 송경령宋慶齡은 신해혁명을 주도한 손중산孫中山과, 막내인 송미령宋美齡은 국민당의 총수 장개석과 결혼했다. 말하자면 당대 최고 권력자나 거물급 인물들과 혼인했고, 이 때문에 '왕조'라는 별칭이 따랐던 것이다.

셋째인 송자문은 당시 정계의 핵심 인물인 손중산과 장개석을 처남으로 둔, 이른바 '양조국구兩朝国舅'라는 신분으로 중화민국 재정부 장관이라는 요직을 장기간 담당하면서 국가 재정을 주물렀다. 재정을 장악한 송자문의 부정 축재 문제는 1930년 이후 곳곳에서 터져 나왔다. 이에 송자문은 국방 예산과 관련된 현안을 놓고 장개석과 의견 차이를 보이자 1933년 가을, 재정부 장관과 중앙은행 총재,

행정원 원장 등 모든 정부 요직
에서 자진 사퇴했다.

송자문은 이후 중국건설은
공사中國建設銀公司를 세우고
1935년 이후 중국은행이 개편
되자 중국은행 대표이사를 맡
았다. 송자문은 자신이 장악하
고 있던 경제위원회, 중국건설
은공사, 중국은행 등을 이용해
민간 상공업과 금융업 관련 기

민국 당시 금융계를 주물렀던 송자문.

업들을 지배하고 합병하는 사업을 벌였다. 그는 무서운 속도로 자신
의 가족이 핵심인 관료 그룹을 기반으로 시장독점을 취해 재산을 축
적했다.

송씨 집안의 가족 자본을 둘러싼 폭로 중 가장 잘 알려진 것은
1946년 중국의 유명 정치가이자 문학가인 진백달陳伯達이 쓴《중국
4대 가족中国四大家族》이란 책의 한 구절이다. "4대 가족이 탄탄한 권
력을 배경으로 금융, 비즈니스, 공업, 토지, 부동산에서 독점한 중국
내 재산과 그들이 보유하고 있는 외국 예치금, 부동산, 공장 등을 모
두 합하면 최소 200억 달러(한화 약 23조 원)는 될 것"이라는 내용의
폭로다. 요컨대 진백달은 송자문의 축재가 단순한 개인 재산이 아니
라 국민당과 국민당 정부에서 요직을 맡으면서 독점한 '국가 독점자
본'의 재정이라는 점을 지적했다.

〈타임즈〉 잡지 표지 모델로 실린 송자문.

송자문에 대한 역사적 평가는 극과 극으로 갈린다. 그가 소위 '꽌시'를 이용해 국가를 팔아 호의호식한 매국노라는 평가가 있는 반면, 혼란스러운 시기에 요직에서 중추적인 역할을 맡아 군비 확대, 국가재정 개혁, 긴급 차관 문제 해결 등 굵직한 업적을 냈다는 평가도 있다. 현재 중국에서 그에 대한 평가는 여러 기록과 사료를 바탕 삼아 긍정적인 방향으로 재평가하는 경향이 있으나 그가 권력과 맺은 관계를 이용하여 횡령을 주로 하며 부정 축재에 열을 올렸다는 사실은 덮을 수 없을 것이다(송자문에 관해서는 '차이나 포커스' 사이트(봉황망)에 실린 '중국 부자열전 ②' 참조).

오병감, 아편으로 치부하여 외채를 갚은 거상

〈월스트리트 저널〉이 상인 출신으로 당시 세계 최고의 갑부로 꼽은 인물이 바로 오병감(1769~1843)이다. 오병감은 본적이 복건성으로, 그 선조가 강희제 때 광동으로 이주하여 장사를 시작하며 상인 집안이 됐다. 아버지 오국형伍國瑩 때 대외 무역에 뛰어들었는데,

1783년 이화행怡和行을 설립하고 스스로 호관浩官이라 일컬었다. 통이 큰 상인이라는 뜻의 이 이름은 그 자손 대에도 사용되었으며, 19세기 전기에 국제 무역계를 쩌렁쩌렁하게 울린 이름이 되기도 했다.

중국 근대사에서 국제적 거부로 명성을 떨친 오병감.

1801년 32세의 오병감은 이화행의 업무를 물려받았다. 사업은 빠른 속도로 발전하여 그는 광저우廣州 상업계를 이끄는 선두주자로 떠올랐다. 이후 오병감은 국제 정세의 변화에 맞추어 부동산, 임대업, 국제 무역과 건설 사업 투자, 대출업(영국 동인도회사가 가장 큰 대출자였다) 등 다양한 사업으로 크게 성공을 거두었으며, 특히 아편 수입으로 막대한 부를 축적했다. 이로써 오병감은 중국은 물론이고 국제적으로도 지명도가 높은 상인 대열에 올랐다. 서양 학자들은 그를 '세계 최고의 부자'로 불렀다.

오병감의 국제적 명성은 다음의 일화로 더욱 더 높아졌다. 미국 보스턴 상인과 합작해서 사업을 진행한 적이 있는데 그 미국인이 사업이 잘 풀리지 않아 오병감에게 은화로 7만이 넘는 빚을 졌다. 그러다 빚을 갚을 수 없어 귀국할 수 없는 처지가 되자, 오병감은 미국 상인에게 "당신은 나의 가장 친한 친구다. 매우 성실한 사람이지만 운이 없었을 뿐이다"라며 차용증을 찢었다고 한다.

상인으로서 오병감의 생애에 가장 큰 오점은 역시 아편 밀수였다. 아편 금지와 소각 조치가 취해지자 오병감은 온갖 방법으로 처벌을 피하고자 애를 썼다. 1843년 청 정부가 '남경조약'에 따라 300만 원의 외채를 상환하려고 했을 때 오병감이 혼자 100만 원을 떠안을 정도였다.

사업가로서 오병감의 사업 기반은 누가 뭐라 해도 이화행이었다. 18세기 서양과 통상하기 위한 가장 중요한 항구였던 광동에는 무역을 중개하는 무역 회사들이 설립되었는데, 이를 行이라 했다. 그중에서 가장 대표적인 열세 군데를 광동 13행이라고 했다. 물론 이화행이 그 선두였다. 이화행은 특히 다국적 기업으로서 그 면모를 유감없이 드러내고 다양한 사업으로 크게 성공을 거두었다.

광저우에 조성된 광동 13행의 당시 모습. 오병감 사업의 원천이자 부의 상징이었던 이화행은 광동 13행의 얼굴이었다.

봉건 왕조 막바지 시기의 거상으로서 오병감은 뛰어난 사업 안목과 지리적 이점 등을 바탕으로 국제적인 명성까지 얻었다. 그러나 오병감이 축적한 재부는 오래갈 수 없었다. 앞서 언급한 대로 아편전쟁으로 그의 사업이 중대한 고비를 맞았기 때문이다. 그는 일찍이 조정에 거금을 희사하여 3품 관직을 받았지만 거대한 역사의 격변을 견뎌내기에는 역부족이었다. 외채 상환액의 3분의 1을 짊어진 것도 이런 상황에서 나온 고육책이었다. 결국 그해 1843년 오병감은 쓸쓸히 세상을 떠났다. 오병감이 죽은 뒤 천하의 부를 독점했던 광동 13행도 몰락의 길을 걸었다. 청 정부의 압박으로 기업들이 하나둘 파산했고, 통상 항구를 다섯 곳으로 늘리자 광동은 대외 무역에서 차지하고 있던 우위와 우세를 상실했다. 오병감의 성공과 몰락은 청나라의 번영과 몰락과 궤를 같이했던 것이다. 이어 터진 2차 아편전쟁은 광동과 13행을 완전히 역사의 뒤안길로 퇴장하게 만들었다.

그러나 오병감 사업의 기반이자 광동 13행을 대변하는 이화행의 이름은 사라지지 않았다. 당시 서양 상인들 사이에서 이화행은 널리 알려진 이름이었다. 이에 영국 무역상사인 자딘 매디슨 상회Jardine Matheson Co.,는 이화행의 이름을 빌려 '이화양행怡和洋行'이란 간판을 내걸었다. 오병감의 이화행 명칭을 빌려 사업을 시작한 이화양행Jardine Matheson은 현재 홍콩에 본사를 둔 세계적 무역상사로 자리매김했다. 역사의 아이러니라 할 수 있겠지만, 당시 오병감과 이화행의 명성과 역할이 어느 정도였는지 짐작하게 한다.

견리사의見利思義

"이익을 보면 의리를 생각하라."

당장 눈앞의 이익을 물리치기란 쉽지 않다. 공자는 이럴 때 그것이 의로운 것인지 아닌지, 또 그것을 받아들이는 것이 옳은지를 생각해보라고 권한다.

'견리사의'는 공자와 제자 자로와 나눈 대화에서 유래되었다. 그 대목을 정리하면 다음과 같다(《논어》〈헌문〉 편).

어느 날 자로가 공자에게 성숙한 사람, 성인成人에 대해 묻자, 공자는 "장무중臧武仲(노나라 정치가)처럼 총명하고, 맹공작孟公綽(노나라의 청렴한 대부)처럼 욕심이 없고, 변장자卞莊子(맨손으로 호랑이를 잡은 용사)처럼 용감하고, 염유冉有(공자의 제자)처럼 재주가 있는 데다가 예악으로 꾸밀 수 있다면 완전하게 성숙한 사람이 될 수 있다"고 대답했다. 그러고는 다음과 같이 덧붙였다.

"그러나 요즘 성인이라고 하는 자들이 어찌 꼭 그렇다고 하겠느냐? 이로움을 보면 대의大義를 생각하고見利思義, 위태로움을 보면 목숨을 바치며見危授命, 오래전의 약속을 평생의 말(약속)로 여겨 잊지 않는다면, 또한 성인이라 하기에 충분하다."

역대 중국 10대 거부,
등통, 양기, 석숭, 심만삼

등통, 벼락부자였다가 굶어죽을 뻔한 뱃사공

수중에 돈이 없을 때 다소 과장되게 '땡전 한 닢 없다'고 말한다. 《사기》에 나오는 표현으로 '불명일전不名一錢'이라고 한다. 이 사자성어는 등통이란 인물과 관련이 있는데, 중국 네티즌들은 이 인물을 역대 10대 거부 반열에 올려놓았다.

등통은 한나라 초기 문제 때 황제의 전용 선박을 몰던 아무런 재주도 없는, 말 그대로 별 볼 일 없는 인물이었다. 《사기》에 실린 〈영행열전佞倖列傳〉 편은 권력자에게 잘 보여 출세하고 부귀영화를 누린 인물들에 대한 기록이다. 그중에서 등통은 돈과 연관이 있는데 그 기록을 살펴보자.

등통은 촉군蜀郡의 남안南安 사람으로 황제의 배를 전담해서 운행하는 황두랑黃頭郎이 됐다. 그런데 어느 날 황제인 문제가 꿈을 꾸었다. 꿈에서 하늘에 오르려다 오르지 못하고 있는 자신을 어떤 황두랑이 뒤를 밀어주어 하늘에 올랐다. 문제가 고마운 마음에 뒤를 보니 황두랑의 옷솔기가 터져 있었다.

잠에서 깬 문제는 점대漸臺로 가 꿈에서 자신을 밀어 올려준 황두랑을 은밀히 찾았다. 그러다 등통을 보았는데 그의 옷 등 뒤가 터져 있는 것이 신기하게도 꿈에서 본 것과 같았다. 이에 그 성과 이름을 물었더니 성은 등鄧, 이름은 통通이었다. 문제는 크게 기뻐했고, 하루가 다르게 그를 총애했다. 등통도 황제의 총애에 보답하듯 다른 사람도 만나지 않고 휴가를 줘도 나가지 않으며 늘 곁에서 황제를 모셨다. 문제는 십여 차례 등통에게 억만 전을 하사했다. 등통은 벼락부자가 되었고 벼슬도 상대부上大夫에 이르렀다. 문제는 수시로 등통의 집에 가서 놀았다. 별다른 재능은 없었고 인재를 추천할 수도 없었던 등통은 오로지 자기 한 몸 근신하며 문제의 비위를 맞출 뿐이었다.

어느 날 문제는 관상쟁이가 입궁한 김에 등통의 관상까지 보게 했다. 관상쟁이는 뜻밖에도 '가난에 굶어죽을' 상이라고 했다. 문제가 깜짝 놀라며 "등통을 부유하게 할 수 있는 내가 있거늘 어찌 가난하다 하는가?"라고 하고는 등통에게 촉군 엄도嚴道의 동 광산을 주어 마음대로 돈을 주조할 수 있게 했다. 이로써 '등씨전鄧氏錢'이 천하에 퍼졌다. 등통의 부는 가히 천하의 부와 맞먹을 정도가 됐다.

문제의 각별한 보살핌과 특혜로 등장한 등통전은 등통을 천하제일의 갑부로 만들었지만 서한 초기 경제를 어지럽힌 악화惡貨이기도 했다.

문제가 일찍이 종기를 앓은 적이 있는데 등통은 늘 황제를 위해서 종기의 고름을 빨아냈다. 문제는 마음이 편치 않아 조용히 등통에게 "천하에 누가 나를 가장 사랑하느냐?"라고 물었다. 등통은 "당연히 태자를 따를 수 없지요"라고 대답했다. 태자가 문병을 오자 문제는 태자에게 종기를 빨라고 시켰다. 태자는 종기를 빨기는 했으나 난처함을 숨기지 못했다.

얼마 뒤 태자는 등통이 늘 황제를 위해서 종기 고름을 빨아낸다는 말을 듣고 마음속으로 부끄러워했고 한편으로 등통을 원망했다. 문제가 죽고 태자가 즉위하자 등통은 벼슬을 그만두고 집에 머물렀다. 이때 누군가가 등통이 몰래 국경 밖으로 그가 주조한 돈을 실어내고 있다고 고발했다. 관리에게 넘겨 조사하게 했는데 그런 일이 많았다.

결국 죄를 물어 등통의 집 재산을 모조리 몰수했고 등통은 수만금의 빚을 지게 되었다.

장공주長公主가 등통에게 재물을 내렸으나 관리가 재빨리 그것마저 몰수했기 때문에 등통은 비녀 하나조차 몸에 지닐 수 없었다. 이에 장공주는 빌려준다는 명목으로 등통에게 입을 것과 먹을 것을 보내주었다. 그러나 결국 등통은 '단 한 푼의 돈도 없이' 남의 집에 빌붙어 살다가 죽었다.

등통은 당시 통용 화폐였던 동전을 마음대로 주조할 수 있는 특권을 누렸다. 재산으로 말하자면 누구도 당할 사람이 없는 거부였다. 그럼에도 땡전 한 푼 없이 남의 집에 얹혀살다가 쓸쓸하게 생을 마감했다. 그의 부귀가 오로지 황제에게 빌붙어 얻어낸 것이었기 때문이다. 어쩌면 등통의 쓸쓸하고 씁쓸한 말로는 자신을 총애했던 문제보다 오래 살았기 때문일지 모른다. 권력도, 부귀영화도 유한하다. 이 평범한 이치를 체득한 사람만이 권력과 부귀에 휘둘리지 않고 현명하게 그것을 누릴 수 있다.

권문세가의 방탕한 망나니 양기와 아내 손수

양기(?~159)는 동한시대 최대 최악의 간신으로 청사에 더러운 악취를 남긴 인물이다. 아비 양상梁商은 순제順帝 연간(125~144)에 대장군으로 군권을 쥐고 있었다. 양기의 고모와 여동생은 그 미모로 각각 순제의 황후와 귀인이 되어 궁중 권력의 중심부에 진입했다. 양기는 막강한 귀족 집안에서 태어났지만 외모가 추하고 흉악했을 뿐만 아니라 재주와 덕도 부족하여 사람 됨됨이가 형편없었다. 꿍꿍이가 많고 교활했으며, 남 속이기를 밥 먹듯 하고 나쁜 짓이란 나쁜 짓은 다 저지르고 다녔다.

이렇듯 양기는 권문세가의 방탕한 망나니였지만 집안 권세를 등에 업고 승승장구하여 아버지의 뒤를 이어 대장군 자리까지 올랐다. 이후 조정의 전권을 움켜쥐고 미친 듯 살상을 저질렀다. 충직한 대신들을 밥 먹듯 해쳤고, 자기를 따르지 않는 사람은 가리지 않고 공격했다. 심지어 황제까지 독살하고 자기 입맛에 맞는 인물만 골라 요직에 앉히는 등 황제를 능가하는 권력을 휘둘렀다.

외척 대간신 양기의 간행에서 가장 눈길을 끄는 부분은 어마어마한 축재와 상상을 초월하게 사치스러운 생활이었다. 이런 탐욕스러운 생활에는 양기의 마누라인 손수孫壽도 큰 몫을 차지한다. 중국의 원로 역사학자인 사식史式 선생이 쓴 《청관탐관각행기도淸官貪官各行其道》를 바탕으로 양기

외척 양기의 출현과 그의 부정한 축재는 동한시대 말 일그러진 외척 정치의 산물이었다.

의 축재 상황을 살펴보자.

먼저 양기의 부동산 보유 현황을 보면, 대장군이란 직함으로 받은 식읍이 3만 호나 됐다. 쉽게 말해 3만 호가 내는 세금에 대한 권리를 비롯해 이들의 생사여탈권까지 쥐고 있었다. 대장군 밑에서 일하는 자들은 그 수가 재상 그룹에 소속된 관리보다 두 배나 됐다. 동생과 아들도 작위에 1만 호를 식읍으로 받았다. 심지어는 아내 손수까지도 양적이란 지방에서 바치는 세금을 차지하게 했는데, 1년에 5천만 전 이상을 거두어들였다. 이 여자가 입고 다니는 복장은 황제의 고모인 장공주를 능가할 정도였다.

축재 현황을 보면, 양기는 지방 부호들에게 돈을 빌리는 수법으로 그들의 재산을 갈취했다. 돈을 빌려주지 않거나 액수가 적으면 없는 죄목을 붙여서라도 옥에 가둔 다음 지독한 고문으로 재산을 내놓게 만들었다. 섬서성 부풍 사람인 사손비는 5천만 전을 빌려달라는 양기에게 3천만 전만 빌려주었는데, 화가 난 양기는 사손비의 어머니가 절도죄를 저질렀다는 죄목으로 사손비 형제를 잡아다 고문하여 죽게 하고는 재산 1억 7천만 전을 몰수했다.

아내 손수는 한술 더 떠 요란스러운 몸치장으로 장안의 유행을 주도했는데, 정말이지 목불인견이었다. 이 여자는 질투심이 하늘을 찔러서 심지어는 남편의 축재와 건축에도 질투를 느껴 남편과 미친 듯 경쟁할 정도였다. 양기가 저택을 크게 짓자 손수도 거리를 사이에 두고 그 집과 마주보는 집을 지었는데, 장안의 건축 자재를 모조리 사들이는 등 부부가 서로 경쟁했던 것이다.

이들의 집은 수십 채에 이르는 누각들이 모두 회랑으로 연결되어 있었으며, 기둥과 벽은 수를 놓듯 온갖 조각으로 장식됐다. 무지개 모양의 돌다리가 수로를 따라 이어지고, 금고는 금은보화를 비롯해 온갖 진기한 물건들로 넘쳐났다. 정원은 비유하자면 에버랜드나 롯데월드를 방불케 했다.

손수는 집 안에서도 짙은 화장에 최고로 호화스러운 차림을 하고 돌아다녔다. 여기에 잘 차려입은 무용수와 악단을 대동하고 이들이 연주하는 음악과 춤을 보면서 다녔다. 손수가 타는 수레는 울긋불긋 양산이 달리고 금은으로 장식된 초호화판이었다. 손수는 여기에 느긋하게 몸을 맡긴 채 자기 집 곳곳을 구경하며 다녔는데, 어떤 때는 밤새 먹고 마시고 놀면서 광란의 밤을 지새웠다.

이 정신 나간 간신 부부는 정말이지 미친 사람처럼 부를 탐했으며, 자신들의 부를 온 천하에 떠벌리고 다녔다. 양기가 집권한 약 25년 동안 이들에게 해를 입고 파멸한 집안은 수를 헤아릴 수 없을 정도였다. 그러나 이 부부는 남의 이목이나 불만에는 눈썹 하나 까딱하지 않았다. 사람들은 이들의 행동거지를 눈을 부릅뜨고 노려보고 있었고, 마음에 씻을 수 없는 원한을 품은 채 이 부부가 그 미친 무대에서 내려올 날만 손꼽아 기다리고 있었다.

20년 넘게 조정의 인사권을 장악하면서 양기 집안은 3명의 황후와 6명의 귀인을 배출했다. 또 이들의 치맛자락을 붙들고 막강한 권력을 쥔 2명의 대장군, 7명의 봉후, 3명의 부마 등 헤아릴 수 없을 정도로 많은 고관대작들을 배출해냈다. 동한시대를 통틀어 여러 집안의

양기는 아내 손수와 호화와 사치를 경쟁했다. 손수는 당시 사교계의 유행을 주도한 여성이기도 했다.

외척들이 권력을 휘둘렀지만 양기를 능가할 집안은 없었다.

달도 차면 기울고 붉은 꽃도 열흘이라고 했다. 권력의 본질에는 애당초 균형을 이루지 못하면 착시 현상을 일으키고 결국은 인간의 정상적인 판단력마저 왜곡시키는 마력이 내포되어 있다. 거의 모든 권력자들이 그렇듯 양기 역시 자신의 권력은 영원할 것으로 생각했다. 권력의 '자기 확신'이다. 자신이 세운 꼭두각시 황제 환제桓帝가 영원히 자기 말을 고분고분 잘 들을 것이라 철석같이 믿고 있었던 것이다.

150년, 양 태후가 죽자 환제가 친정을 시작했다. 환제의 나이 이미 19세였다. 그러나 양기는 환제를 전혀 존중할 줄 몰랐다. 당시 눈 밝은 사람들은 황제가 나이를 먹을수록 양기에게도 위기가 다가오고 있다는 사실을 일찌감치 알아차렸다. 황제가 언제까지나 꼭두각시 역할에 만족하리라 믿는 사람은 거의 없었다. 그런데도 양기는 전혀 개의치 않고 여전히 황제를 깔보고 무시하고 윽박질렀다.

159년, 환제의 나이가 28세가 됐다. 황제 자리에 앉은 지 13년, 친정을 시작한 지도 9년째에 접어들었다. 환제의 머릿속에는 어떡하면 양기를 제거할 수 있을까 하는 생각뿐이었다. 말로는 '지고무상'한 권력을 가진 황제라면서 무엇 하나 제 손으로 생각대로 할 수 없는 현실에 환제는 짜증이 났고 급기야는 절망감에 시달렸다.

그러나 하늘이 무너져도 솟아날 구멍은 있다고 했던가? 환제의 의중을 간파한 환관들이 하나둘 환제 곁으로 모여들면서 세력을 형성하기 시작했다. 그러던 중 태사령 진수가 양기 부하에게 고문을 당해 사망하는 사건이 발생했다. 여기에 이 사건의 진상을 조사하던 환제의 주변 인물을 양기가 자객을 시켜 해치려다 미수에 그친 사건까지 겹쳤다. 환제는 더 이상 참지 못하고 용상을 박차고 일어났다. 측근 환관들과 대책을 논의한 끝에 공개적으로 상서들을 소집하여 궁중을 호위하게 하는 한편, 군대 동원을 위한 부절을 회수하여 군권을 장악했다. 양기의 대장군 직인도 회수했다. 이 모든 조치는 전광석화처럼 이루어졌다. 모든 것이 환제의 직접 지시에 따라 일사분란하게 진행되었고, 덕분에 기밀이 새어나가지 않았다.

양기와 손수 부부는 미처 도망도 못 치고 함께 자결했다. 두 집안의 친인척들도 모두 목이 잘렸다. 이 대숙청에 연루되어 죽은 고위 관료가 수십 명에 이르렀고, 파면된 관리는 300명이 넘었다. 하루아침에 조정이 텅 비어버렸다. 그러나 양기가 죽었다는 소식에 백성들은 모두 뛰쳐나와 만세를 부르며 서로 축하했다. 이어 조정에서는 양기 부부의 재산을 조사하고 이를 모두 공적 자금으로 압수했는데 그 액수가 무려 30억 전이 넘었다. 1년 국가 예산의 절반에 해당할 정도였다.

　권력자, 특히 절대 권력이나 정당치 못한 수단으로 차지한 권력을 휘두르고 끝없이 사치와 방탕을 일삼은 권력자의 말로치고 평범하거나 해피엔딩인 적은 없다. 어김없이 준엄한 역사의 심판이 따랐고 그 심판에 따라 영원히 역사의 죄인으로 남았다. 중국 역대 10대 거부의 한 사람으로 당당하게(?) 선정된 양기는 여기에 한 가지가 더, 영원한 웃음거리라는 치욕까지 추가됐다.

석숭, 한 나라의 부를 애첩에게 탕진하다

　석숭(249~300)은 막강한 집안에서 태어났다. 그의 아버지 석포石 苞는 무려 서진의 개국공신이었다. 석숭은 어릴 때부터 영민하고 용기도 남달랐다. 서진 무제(사마염) 때 수무修武의 현령을 시작으로 관직 생활에 나서 주요 요직을 두루 거쳤다.

　무제가 죽고 어린 혜제가 즉위하자 황후인 가후賈后(가남풍賈南風)가 조정에서 전권을 휘두르며 가씨賈氏 일족의 권세가 커졌다. 석숭으로서는 호랑이에 날개를 단 상황이 됐다. 석숭이 다름 아닌 가후의 조카였기 때문이다. 따라서 자연스럽게 당시 권력자였던 가밀賈謐(277~300)과 가까이 지냈으며, 문학·정치 단체인 '24명의 벗', 이른바 '금곡이십사우金穀二十四友' 중 한 사람으로 꼽혔다.

　이 무렵 석숭은 공부도 많이 하여 시와 문장을 잘 짓는 문인으로서 천하에 명성을 떨치고 있었다. 생활도 남달랐다. 낙양洛陽 북쪽 20리 밖에 금곡원金穀園이라는 별장을 짓고는 유명 인사들을 초대하여 유유자적하는 생활을 했다. 그런데 이런 석숭의 생활을 크게 바꿔버린 한 사람이 나타났다. 바로 녹주綠珠라는 여성이었다. 석숭은 그녀를 애첩으로 맞아들였다. 음악과 가무에 뛰어났을 뿐만 아니라 남자의 마음을 홀리는 녹주에게 석숭은 완전히 빠져버렸다.

이때부터 석숭의 생활은 오로지 녹주를 위한 것으로 변질됐다. 물론 석숭 자신의 끼에 좋은 말로 풍류가 넘쳤던 탓도 있지만, 원래 부유한 집안에 높은 벼슬을 가진 그가 방탕한 생활로 빠지는 것은 시간문제였다. 녹주의 환심을 사고 그녀의 기호와 취향을 만족시키기 위해 석숭은 닥치는 대로 재물을 탐했다. 석숭은 그녀를 위해 100장丈 높이(300미터 이상)의 '녹주루綠珠樓' 또는 '원기루苑綺樓'라는 누각을 지었다. 당시 실세들 중 한 사람이었던 조왕趙王 사마륜司馬倫의 측근인 손수孫秀가 녹주를 탐내 그녀를 달라고 했으나 석숭은 이를 단호히 거절했다.

300년에 사마륜이 들고 일어나 가후의 세력을 제거하고 전권을 장악하자, 석숭은 반

석숭은 막강한 집안과 벼슬을 뒷배로 삼아 부귀를 누렸으며, 애첩 녹주를 위해 닥치는 대로 재물을 긁어모았다.

악潘岳, 회남왕淮南王 사마윤司馬允, 제왕齊王 사마경司馬冏 등과 연합해 사마륜을 제거하려 했다. 손수가 이를 알고는 대군을 이끌고 금곡원을 포위했는데, 이에 석숭은 반악 등과 함께 사로잡혀 참수되었으며 녹주는 누각에서 투신하여 자살했다고 한다.

문인으로서 석숭은 《금곡원金穀園》 10권을 남겼다. 또한 《전진문全晉文》에 〈사귀탄思歸嘆〉, 〈자리표自理表〉, 〈청징양주자사하반표請徵揚州刺史何攀表〉, 〈의주봉상당의준구사議奏封賞當依準舊事〉, 〈초비탄서楚妃嘆序〉, 〈비파인서琵琶引序〉, 〈금곡시서金穀詩序〉 등의 글이 수록되어 있다.

석숭은 중국 역사상 최고를 다투는 거부로 꼽힐 만큼, 그의 축재와 관련한 일화나 기록이 많다. 273년에 아버지 석포가 죽기 전 재산을 자식들에게 나누어주었는데 석숭에게는 주지 않았다. 부인이 석숭에게도 줄 것을 부탁하자 석포가 말하기를 "이 아이는 아직 어리지만 장차 제 손으로 큰 재산을 모을 거요"라고 했다. 실제로 형주자사로 있을 때 석숭은 무역업으로 큰 부를 쌓았는데, 이에 대해 그의 열전이 실린 《진서晉書》에는 "멀리 가는 상인을 위협하여 치부했다"라고 기록되어 있다. 그의 호화 사치에 대해서는 《진서》와 《세설신어世說新語》에 전하는, 황제의 친척이자 외삼촌인 왕개王愷와 부를 다투었다는 일화가 가장 유명하다. 당시 왕개는 석숭의 엄청난 재물과 호화스러운 삶에 두 손 두 발을 다 들었다고 한다.

당시 석숭의 저택인 금곡원은 낙양 8경 중 하나로 꼽힐 정도였다. 그 저택이 얼마나 호화롭고 사치스러웠는지는 그의 집을 방문한 손님들이 화장실을 침실로 착각했다는 일화가 단적으로 전해준다. 화장실 앞에는 십여 명의 시녀들이 화장품과 향수를 들고 시중을 들었다고 한다.

석숭은 내로라하는 관리와 문인들을 금곡원에 자주 초대하여 술자리를 벌였는데, 술자리에서 시를 짓지 못하는 사람에게는 벌주 세 말을 마시게 했다. 여기서 금곡주수金穀酒數라는 고사성어가 나왔고, 이후 '술자리의 벌주'를 가리키는 말이 됐다.

석숭의 부는 훗날 많은 사람들에게 동경의 대상이 됐다. 심지어 석숭의 어깨 아랫부분에 난 사마귀에도 거부지巨富痣, 즉 '거부의 사마귀'라는 이름이 붙을 정도였다. 심지어 이 부위에 사마귀가 있는 사람은 남녀노소를 불문하고 많은 재산을 모을 것이라는 미신까지 파생됐다. 《남피현지南皮縣誌》에 따르면 석숭이 녹주를 위해 지어준 녹주루가 남피성 옛터에 있었다고 한다.

석숭은 자신의 출신과 지위를 이용하여 닥치는 대로 재산을 긁어모아 그 '부가 나라와 맞먹는다'는 세간의 평을 들었다. 그러나 그 부는 부당하게 갈취한 것이었을 뿐 아니라 오로지 애첩의 방탕한 생활을 만족시키기 위한 낭비

석숭의 부를 한껏 누렸지만 결국은 석숭을 망가뜨리는 데 결정적인 원인을 제공한 녹주.

그 이상도, 이하도 아니었다. 게다가 그는 자신의 부를 만천하에 떠벌리고 다녔다. 부를 놓고 세상과 다툰 셈이었으니 어찌 세간의 시기와 원망을 피할 수 있었겠는가. 부자의 가장 중요한 금기 사항 가운데 하나인 자신의 부를 밖으로 드러내지 말라는 교훈을 완전히 무시한 것이다. 이 때문에 주변 권력자들의 눈 밖에 났고 결국 비참한 최후를 맞이할 수밖에 없었다.

심만삼, 정경유착으로 치부한 상인

명나라를 건국한 주원장이 남경에 도읍을 건설할 때 총 건설비의 3분의 1을 부담했다는 천하의 거부 심만삼(?~1394)은 정경유착으로 치부한 상인이다. 심만삼의 본명은 심부沈富였다. 이름에 아예 부자 '부' 자가 들어가 있었다. 심만삼은 속칭으로 거부에게 붙은 별칭이라고 보면 된다.

심만삼이 살았던 시기는 원나라에서 명나라로 넘어가는 혼란기였다. 원나라 말기 심만삼은 주로 풍요로운 강남 지역에서 활동하면서 많은 부를 축적했다. 심만삼은 지금의 절강성 지역으로 수운을 통한 온갖 물자가 오가는 물자의 집산지였다. 그는 이런 이점을 잘 활용하여 화물 교역으로 치부했고, 이 자본으로 다시 땅을 사들여 아예 고향과 주변 마을 하나를 새로 조성하는 대담한 투자 안목을 보였다. 이후 심만삼은 해외 무역으로 눈을 돌려 막대한 이익을 남겨 강남에서 제일가는 부자로 우뚝 섰다. 이 때문에 항간에서는 그의 재산이 나라 예산보다 많다는 소문까지 떠돌았다.

중국 강남 제일의 부상으로 꼽히던 심만삼의 상.

원나라 말기 이민족 정권의 통제력이 파탄을 드러내면서 각지에서 농민 봉기가 일어났다. 심만삼은 이런 거대한 정세 변화에 촉각을 곤두세운 채 정보를 수집했다. 그 결과 눈에 들어온 인물이 바로 주원장이었다. 판단이 선 심만삼은 망설이지 않고 주원장을 지원했다. 명나라의 도읍으로서 남경 건설이 시작되자 심만삼은 선뜻 자신의 재산으로 홍무문洪武門에서 수서문水西門에 이르는 10킬로미터 이상의 성벽을 쌓는 공사를 완성시켰는데, 기록에 따르면 전체 공사비 중 3분의 1에 가까운 금액이라고 한다.

이런 기록도 있다. 주원장이 군대의 사기를 높여 군사력을 배가하기 위한 조치로 전군에 포상을 내리고자 했다. 그러나 그 비용을 마련할 길이 없어 고심하고 있었다. 이를 안 심만삼은 주원장에게 자신이 비용을 부담하겠노라 자청했다. 주원장은 '불감청不敢請이언정 고소원固所願'이었던 만큼 정말 반가웠으나 믿을 수 없다는 듯 "당신이 아무리 부자라지만 짐의 군대가 백만인데 그걸 어찌 다 감당한단 말인가?"라며 고개를 저었다. 이에 심만삼은 "병사 1명당 은 1냥씩 하사하신다면 큰 문제가 되지 않습니다"라며 호탕하게 대답했다. 사업가로서 그의 통이 어느 정도였는지를 잘 보여주는 일화다.

심만삼이 강남 지역에서 여러 가지 장사에 뛰어들어 엄청난 부를 축적한 것은 사실이지만 어떤 계기로 그렇게 큰 부를 얻었는지에 대해서는 명확한 기록이 없다. 한 기록에 따르면, 그는 젊은 날 오강吳江 일대에 육덕원陸德源이라는 부자의 비서로 재산 관리를 맡았다. 훗날 육덕원은 속세의 덧없음을 깨닫고 먼 길을 떠나기로 결심하고는 자신의 재산을 전부 심만삼에 넘겨주었고, 심만삼은 이로써 하루아침에 벼락부자이자 강남 제일의 부자가 됐다고 한다.

그 후 심만삼은 앞서 이야기한 대로 남경성 건설비의 3분의 1을 부담하는, 말하자면 사업가로서는 일대 모험을 감행했다. 그러나 결과

나무에 심만삼의 치부 스토리를 새겨 장식했다.

는 손해보다는 이익이었다. 그 공을 인정받아 두 아들이 고위 관리가 되었으며, 자신도 해외 무역에 특혜를 받아 엄청난 이익을 남겼다.

《명사明史》 기록에 따르면 심만삼은 서예 작품과 문장을 수집하는 취미가 있었다. 그는 글과 글씨를 가져오면 은자 20냥을 대가로 지불했는데 당시로서는 파격적인 대우였다. 이 때문에 당시 글깨나 쓰고 서예에 뛰어난 사람들이 너나 할 것 없이 심만삼 집 앞에 장사진을 쳤다고 한다. 심만삼의 문화적 소양을 엿볼 수 있는 일화라 하겠다.

문제는 자식들이었다. 심만삼의 말년은 자식들 때문에 처절하게 망가졌다. 물론 좀 더 깊게 따지고 들자면 부와 권력을 함께 누리고자 했던 심만삼의 과욕 탓이었다. 두 아들이 비리에 연루되는 통에 두 아들은 물론이고 심만삼까지 운남으로 귀양을 갔다. 재산은 모두 몰수당했다. 이것이 끝이 아니었다. 이번에는 증손과 사위가 명나라 개국 공신인 남옥藍玉의 반란 사건에 얽혀 그들 일가가 모조리 처형당하는 비극까지 겹쳤다. 심만삼의 말년은 그야말로 지옥이었다. 심만삼은 그간의 공이 참작되어 처형은 면했지만 더 이상 살아야 할 희망도 이유도 없었다. 그는 운남에서 말할 수 없는 고독 속에서 여생을 견디다가 굶어죽었다고 한다.

심만삼은 원말명초라는 격변기에 자신의 부를 이용하여 정치와 권력에 모든 것을 거는 도박을 감행했고 대성공을 거뒀다. 그러나 결국 정치와 권력이 심만삼의 발목을 잡았다. 자신뿐만 아니라 온 집안이 풍비박산이 났다. 사업에 정치를 끌어들이는 일이 얼마나 어리석은 도박인지를 심만삼이 잘 보여준다. 오늘날에도 여전한 정경유착의 폐

심만삼이라는 이름은 강남 지역에서는 부의 상징이다. 이 지역에서는 심만삼의 일대기를 다룬 서적과 그의 이름을 내건 상점을 어렵지 않게 볼 수 있다.

해를 보면 심만삼의 사례가 그저 지난 일에 머무르지 않는다 하겠다.

그럼에도 심만삼이란 이름은 중국에서는 부자의 상징이 되었다. 지금도 강소, 절강, 복건 지역에서는 돈 많은 사람을 일쑤 '심만삼'이라 부르는 습속이 남아 있을 정도다. 또 상점 간판에다 그의 이름을 갖다 붙이는 것도 흔한 일이다. 그만큼 심만삼의 사업 수완과 그를 통해 일군 부에 대한 선망이 크다는 반증일 것이다. 여기에는 심만삼이 엄청난 투자를 통해 자신의 고향을 활기찬 고장으로 만든, 어쩌면 그의 일생에서 가장 빛나는 업적이 시공을 초월하여 작용하는 것은 아닐까 생각해본다.

厥初生民궐초생민, 食貨惟先식화유선

"인류 최초의 생존은 먹고 쓰는 것이 우선이었다."

_《한서漢書》〈서전敍傳〉(하)

먹고 쓰는 '식화'는 인간의 삶에서 영원히 관건이 되는 중요한 문제다. 식화는 양식과 일상에 필요한 물품과 돈 등을 가리키는 단어다. '생민'은 《시경》(대아 제11편)의 한 편이기도 하다.

적어도 이 두 가지 기본 요소가 풍족해야 인간이 인간다운 삶을 누릴 수 있고, 또 이 두 가지가 널리 두루 유통되어야만 더 나아가 나라가 튼튼해진다. 또 이런 바탕이 있어야만 교육도 효과적으로 이루어진다.

《동관한기東觀漢記》〈마원전馬援傳〉에서 "백성을 부유하게 하는 기본은 식화, 즉 먹고 쓰는 것에 있다富民之本在於食貨"고 한 것도 정확하게 같은 맥락이다.

오늘날 자본주의는 한없이 벌어지는 빈부의 차, 즉 불공평과 분배 문제 때문에 최악의 상황에 직면하고 있다. 한도 끝도 없는 탐욕이 모든 것을 삼키고 있다. 14억 인구의 중국이 최근 빈부와 관련, 가난이 문제가 아니라 고르게 분배되지 않는 것이 문제라는 점을 분명하게 인식하고 나선 것도 바로 이 때문이다.

여불위,
정경유착을 넘어 권력 자체가 된 상인

중국 역사상 정경유착의 원조라 할 수 있는 여불위呂不韋는 중국 최초의 통일 제국을 세운 진시황의 생부 문제 등 상당히 민감한 논쟁을 유발시켰을 뿐만 아니라 지금까지도 여전히 쟁점의 한 축을 이루고 있다. 바로 전국시대의 대상인 여불위다. 상인이었던 그는 정경유착에서 한 걸음 더 나아가 아예 권력 그 자체가 됐다.

상인 시절 여불위는 객지에 나와 있는 한 인물에 주목했다. 그리고 이 인물에 투자하기로 마음먹고는 천하를 놓고 실로 대담한 도박판을 벌였다. 그 결과 천하대권을 움켜쥐었다. 여불위의 사업 수완이 정치 도박에서 대박을 낸 것이다. 상인 여불위의 정치적 성공은 사상 유례를 찾기 힘든 성공작이었다.

그 아버지에 그 아들, '기화가거'에 투자하다

《전국책戰國策》에는 당시 여불위가 아버지와 나눈 대화가 기록되어 있다. 상인 여불위가 본격적으로 정치 도박을 감행하기 직전의 대화로 추측된다.

여불위: 아버지, 땅에다 농사를 지어 많이 남으면 얼마나 이윤이 남겠습니까?

아버지: 잘하면 열 배쯤 되겠지.

여불위: 보석 따위를 팔면 어떻겠습니까?

아버지: 백 배쯤 남지 않겠니.

여불위: 누군가를 왕으로 세우면요?

아버지: 그야 따질 수가 없지.

이 대화로 미루어볼 때 여불위의 아버지 또한 상인일 가능성이 크다. 아버지로부터 원하던 답을 들은 여불위는 자신의 안목에 확신을 가지며 결심을 굳혔다. 당시 여불위는 사업차 조趙나라 수도 한단을 찾았다가 우연히 진나라에서 인질로 온 자초子楚를 발견했다. 자초의 신분을 확인한 순간 여불위는 엄청난 사업을 구상한 다음 집으로 돌아와 아버지(역시 상인)에게 가르침을 청하면서 나눈 대화인 것이다. 역시 그 아버지에 그 아들이었다.

여불위가 자초를 발견하고 어떤 원대한 계획을 세웠는지는 알 수

여불위가 자초를 발견한 조나라 수도 한단의 오늘날 모습.

없다. 다만 자초를 '미리 차지해둘 만한 기이한 물건'이란 뜻의 '기화
가거奇貨可居'로 간주했다고 한다. 다시 말해 지금 사두거나 투자하면
언젠가는 큰돈이 되거나 큰 역할을 해낼 투자 대상으로 본 것이다(이
후 '기화가거'는 미래에 투자할 줄 아는 사업적 안목을 비유하는 고사성어
로 정착했다).

　자초는 진나라 다음 왕위 계승자인 태자 안국군安國君의 아들로
진과 조의 인질 교환에 따라 조나라 수도 한단에 와 있는 처지였다.
20여 명의 아들들 중 자초의 서열은 중간 정도였고, 어머니는 하희夏
姬로 안국군의 총애와는 거리가 멀었다. 자초가 인질로 잡혀 있는 동
안에도 진나라는 여러 차례 조나라를 침범했고, 이에 조왕은 몇 차
례 자초를 죽이려 했으나 그때마다 다행히 죽음을 면했다. 이런저런
사정 때문에 자초는 엄연한 진나라 왕실의 핏줄이었음에도 조나라
는 물론이고 자기 나라에서조차 외면당한 채 조나라 수도 한단을 여

기저기 떠도는 신세로 전락해 있었다.

여불위는 자초에게 투자하기로 결심했다. 여불위는 자초를 둘러싼 좀 더 상세한 정보를 입수했다. 그리고 이 투자를 담보할 만한 유용한 정보 수집에 돌입했다. 바로 다음 왕위 계승자인 태자 안국군, 즉 자초의 아버지가 가장 총애하는 초나라 출신의 태자비인 화양華陽부인에게 아들이 없다는 사실을 알아낸 것이다. 여불위는 이 정보의 중요성을 직감했다.

안국군과 화양부인을 이용한 치밀한 전략

자신의 안목과 상품의 가능성에 확신을 가진 이상 제대로 된 장사꾼이라면 구체적인 경영 전략을 세우는 것이 당연하다. 여불위는 자초를 찾아 다음과 같은 대화를 나누었다.

여불위: 내가 당신을 키워주겠소.
자 초: 먼저 당신이 커야 내가 크지 않겠소?
여불위: 잘 모르시는군요. 저는 당신이 커지면 따라 커진답니다.

자초는 여불위의 말뜻을 알아듣고는 자리를 권하여 밀담을 나누었다. 여불위는 안국군과 화양부인을 거론하며, 현재 20여 명에 이르는 안국군의 아들 중 누구도 안국군의 눈에 들지 않은 상황이므로 자초에게도 얼마든지 기회가 있다며 희망을 주었다. 뜻하지 않은 후원자를 만난 자초는 계획이 성공하면 진나라 땅을 함께 나누겠노라 약속했다.

여불위는 차기 왕위 계승자인 안국군이 가장 총애하는 화양부인을 최대한 이용하기로 계획을 세우고 진나라 수도 함양으로 향했다. 여불위는 그에 앞서 자초에게 500금에 이르는 충분한 체면 유지비를 제공하여 조나라의 유력 인사들과 두루 교제하도록 했다. 이렇게 조나라 조야朝野로 하여금 자초의 존재감을 확실하게 각인시키려는 의도였다.

귀한 패물 등을 가지고 함양에 들어온 여불위는 화양부인을 직접 찾지 않고 사람을 넣어 화양부인의 언니를 먼저 찾았다(실제 로비 대상의 친인척을 먼저 접촉한 여불위의 로비 수순은 정말이지 절묘하기 짝이 없다). 화양부인의 언니를 만난 여불위는 진귀한 패물을 화양부인에게 전해줄 것을 부탁하며 자초의 근황을 알렸다. 그러면서 자초가 아버지 안국군과 화양부인을 늘 그리워하며 눈물을 흘린다고 말했다. 또 현재 자초는 조나라의 유력자들은 물론이고 각 제후국에서 온 빈객들과 두루 사귀며 명성을 높이고 있다는 근황까지 덧붙였다. 여불위는 화양부인의 마음을 완전히 흔들어 놓기 위해 그 언니에게 "미모로 (남자를) 섬기던 사람은 그 '미모가 시들면 (남자의) 사랑도 시드는' 법"이라며 안국군의 사랑이 아직 건재한 지금이야말로 훗날을 위해 듬직한 양자를 들이는 것이 필요하다는 말로 화양부인을 설득하게 했다(여불위가 던진 '미모가 시들면 사랑도 시든다色衰而愛弛'는 말은 그 후 천하의 명언으로 자리매김했다). 이 말에 앞서 여불위는 화양부인의 언니가 지금 누리고 있는 부귀영화가 누구 때문이냐고 반문하기도 했다. 요컨대 이는 화양부인에 대한 안국군의 총애가 시들면 화양부인은 물론이고 그에 기생하고 있는 친인척들의 부귀영화도 끝장난다는 고도의 협박이었다.

여불위의 심각한 로비에 화들짝 놀란 화양부인의 언니는 여불위의 패물과 말을 화양부인에게 전했고, 화양부인은 전적으로 공감했다. 화양부인은 틈을 타서 눈물을 흘리며 자식 없는 자신의 신세를 한탄하다가 자초의 이야기를 꺼냈다. 화양부인을 총애하는 안국군은 자초를 양자로 삼겠다는 화양부인의 청을 기꺼이 들어주었다. 화양부인은 기쁨과 동시에 양아들 자초를 귀국시키려면 어떻게 해야 할지 근심에 쌓였다. 안국군과 화양부인은 여불위에게 자초를 잘 보살피라고 당부하는 한편 넉넉하게 물품까지 딸려 보냈다. 자초라는 상품을 알리기 위해 여불위는 직접 함양을 찾았지만 핵심 타깃인 화양부인을 직접 만나는 대신 화양부인의 언니를 중간에 넣었다. 이는 상인 여불위가 지닌 고도의 상술에서 나온 수순이었다. 수준 높은 상인은 때로는 자신이 직접 물건을 갖고 가거나 소개하기보다 구매자가 믿을 수 있는 가까운 사람에게 물건 소개를 맡겨 물건의 가치를 더욱 높일 뿐만 아니라 그 물건에 대한 신비감을 품게 만들 수 있어야 한다. 물건이 중간 상인을 거치면서 값이 올라가는 것과 비슷한 이치라 하겠다. 더욱이 당시의 현실에서 상인이란 존재는 그다지 신뢰받는 직업이 아니었다. 그래서 여불위는 혹 있을지도 모르는 선입

견을 피해가는 노련한 수도 함께 구사한 것이다. 이렇게 자초는 진과 조, 두 나라는 물론이고 제후국 전체가 주목하는 인물로 부상했다.

자신의 일을 공동의 관심사로 만든 고수

다음 수순은 현재의 왕인 소양왕昭襄王에게 자초라는 상품을 선보이고 눈도장을 받는 것이다. 그래야만 자초를 귀국시킬 가능성이 커지기 때문이다. 이 일은 말할 것도 없이 다음 왕위 계승자인 안국군이 맡게 됐다. 그런데 뜻밖에도 소양왕의 반응은 냉랭했다.

안국군으로 안 된다면 누굴 내세워서 소양왕을 설득해야 할까? 여불위는 이번에도 여성을 타깃으로 선택했다. 바로 왕후였다. 화양부인 때와 마찬가지로 직접 왕후를 찾아가지 않고 중간에 사람을 넣었다. 여불위가 찾은 중개인은 왕후의 동생인 양천군楊泉君이었다. 여불위는 양천군을 찾아가 단도직입으로 이렇게 말했다.

여불위: 양천군께서는 죽을죄를 지으셨는데 알고 계십니까?
양천군: 내가 죽을죄를 지었다니 무슨 말인가?
여불위: 양천군께서는 왕후의 동생으로 높은 자리에 넘치는 녹봉, 그리고 구름같이 몰려 있는 미인들을 원 없이 누리고 계십니다. 그런데 태자 안국군께서는 정말 암담한 신세라 차마 눈뜨고 볼 수 없을 지경입니다. 양천군께서는 대체 누구의 복을 누리고 계시며, 누구의 이익을 얻고 계

시며, 누구의 권세에 의지하고 계시며, 누구의 돈을 쓰고 계시며, 누구의 권위로 뻐기고 다니십니까? 바로 지금 왕과 누이이신 왕후가 아닙니까? 모름지기 일이란 예측하면 성사되지만, 예측하지 못하면 쓸모없게 됩니다. 이는 아주 간단한 이치입니다. 지금 왕께서는 연로하십니다. 조만간 태자께서 왕이 되시면 양천군께서 지금처럼 하고 싶은 대로 하시도록 놔두시지 않을 겁니다, 절대! 하루 살기도 힘들 뿐만 아니라 자칫하면 목숨까지 걱정해야 할 겁니다.

양천군: 선생께서 제때 잘 이야기하셨소. 그럼 내가 어떻게 해야 하오?

여불위는 조나라에 인질로 가 있는 자초를 화양부인이 양아들로 삼았다는 점과 안국군의 심경을 전했다. 그리고 지금 자초가 제후국들 사이에서 어떤 명성을 얻고 있는지 조나라 사람들은 다 알고 있는데 정작 진나라는 모르고 있는 것 같다면서, 훗날을 위해 소양왕 앞에서 자초에 대한 칭찬과 그의 귀국을 요청하라고 일렀다. 그 일이 성사되면 나라도 없이 떠돌던 자초에게 나라가 생기고, 자식 없던 안국군 부부에게

여불위의 로비는 차원이 달랐다. 큰 사업가로서 남다른 안목이 결합된 결과였기 때문이다. 사진은 진시황릉 앞에 조성되어 있었던 여불위의 조형물.

자식이 생기니 모두가 양천군 당신에게 감사할 것이며, 나아가 죽을 때까지 지금과 같은 복을 누리게 될 것이라고 못을 박았다.

여불위의 협박성 설득에 넘어 나간 양천군은 누이인 왕후에게 달려가 공작을 벌였고, 왕후는 다시 소양왕에게 공작을 벌였다. 소양왕은 이번에도 별다른 반응을 보이지 않았지만 그래도 전보다는 훨씬 태도가 부드러워졌다. 조나라 사신이 오면 자초의 귀국을 요구하겠다는 반응을 보인 것이다.

여불위는 이쯤에서 목표를 조나라 왕으로 돌렸다. 이를 위해 조왕 측근의 실세들에게 로비 활동을 펼치기로 했다. 또 한 번 거금이 필요한 시점이었다. 그런데 이 순간 그간 여불위가 들인 공이 효과를 발휘하기 시작했다. 여불위의 생각을 전해 들은 안국군과 화양부인을 비롯해 왕후까지 나서 로비 자금을 마련해주었던 것이다. 자초의 일은 이미 다수의 공동 관심사가 됐다. 이들은 이제 자초의 미래에 자신들의 이해도 달라질 수밖에 없는 관계로 확실하게 한데 엮였다. 여불위는 한 사람의 관심사를 공동의 관심사로 만들어 관계로 엮는 일에 타의 추종을 불허하는 고수였다.

여불위의 도박, 그의 아들 진시황

진나라와 조나라 조정에 대한 로비를 성공적으로 마친 여불위는 잠시 틈을 이용하여 자신의 상품을 재점검했다. 즉, 자초를 더 확실하게 장악할 방법을 고민하기 시작한 것이다. 여불위는 이왕 시작한 모험이라면 좀 더 크게 해야겠다는 생각을 했다. 그래서 자기 상품의 함량을 높이고 이윤 획득을 위한 공간을 극대화하는 새로운 전략을 수립했다. 쉽게 말해 자초의 몸집을 더 불리되 여불위가 더 쉽게 조종할 수 있게 만들자는 것이었다.

이를 위해 여불위는 놀랍게도 임신한 상태였던 자신의 애첩 조희趙姬를 자초에게 넘기는 기상천외한 모험을 감행했다. 물론 자초가 여불위의 첩에게 눈독을 들인 탓이 크긴 했지만, 자기 씨를 잉태한 첩을 다른 남자에게 넘긴다는 것은 누가 봐도 인륜은 물론이고 일반 상식과도 크게 어긋나는 행동이었다. 여불위로서는 엄청난 도박을 한 것이다! 조희의 뱃속에 든 아이까지 고려한 어마어마한 도박이었다.

자초에게 시집간 조희는 한 달 뒤 자초에게 임신을 알렸고, 그로부터 1년 뒤 사내아이가 태어났다(사실은 여불위의 아들이다). 이 사내아이가 누구인가! 바로 장차 중국 역사상 최초로 황제가 된 진시황, 바로 영정嬴政이었다. 천하를 건 여불위의 도박 제2단계가 성공하는 순간이었다. 하지만 여불위 자신도 이 아이가 자신에게 얼마나 큰 이윤을 남겨줄지 알 수 없었다. 이 아이가 어떤 인물이 되고 여불위의 인생에 어떤 의미가 될지는 더더욱 알 수 없었다. 그저 만약을 위해 들어둔 보험과도 같은 존재였다. 어쨌거나 지금 급한 것은 자초를 진나라로 귀국시키는 일이었다. 그리고 이 모든 일은 안국군이 왕좌에 올라야만 가시권에 들어오는 것이었다.

자초를 왕위에 올리고 승상이 되다

시간이 흘러 영정의 나이도 세 살이 됐다. 그때까지 여불위의 천하를 건 도박은 별다른 진전이 없어 보였다. 오히려 위기가 여기저기서 감지됐다. 진나라가 조나라에 대한 공세를 늦추지 않았기 때문에 자초의 신변이 더욱 불안해진 것이다. 자초가 죽는 날에는 모든 것이 다 허사가 된다. 여기에 한껏 높아진 자초의 명성과 비중이 오히려 위험도를 높이고 있었다. 상품을 시장에 내보내기도 전에 시장에 변화가 발생하고 있으니 여간 큰일이 아니었다. 어쩌면 여불위가 세운 전략 전체가 흔들릴 수 있는 위기 상황이었다.

여기서 여불위는 또 한 번 모험을 결심했다. 거금을 들여 성을 지키는 장수를 매수하여 자초를 조나라에서 탈출시키기로 한 것이다. 여불위는 장사를 하러 조나라에 왔으나 진나라가 조나라를 공격하는 통에 신변이 불안해서 장사를 할 수 없으니 자신을 고향으로 돌아가게 해달라고 했다. 물론 상당한 뇌물과 함께. 그러고는 자초를 수행 시종으로 분장시켜 조나라 수도 한단을 빠져나왔다. 뇌물을 먹은 장수는 별다른 의심 없이 여불위와 자초를 보내주었다. 여불위는 진나라 장수 왕흘의 군영으로 가서 몸을 맡겼고, 왕흘은 어제 합류한 소양왕에게 여불위와 자초를 안내했다. 마침내 자초가 고국으로 돌아가는 순간이었다. 자초의 느닷없는 출현에 소양왕은 다소 당황스러워했지만 반갑게 맞이한 다음 수레를 마련하여 함양으로 보냈다.

자초가 마침내 귀국했다. 천하의 '기화' 자초의 등장으로 시장은 요동쳤다. 여불위는 먼저 자초에게 초나라 복장을 입혀 화양부인을 만나게 했다. 초나라 출신인 화양부인의 심기를 고려한 세심한 안배였다. 고향의 복장을 하고 나타난 자초를 본 화양부인은 격한 감정을 참지 못하고 "내 아들아!"를 외쳤다.

기원전 251년 가을, 연로한 소양왕이 세상을 떠나고 안국군이 뒤를 이으니 이가 효문왕孝文王이다. 화양부인은 왕후가 되었고 자초는 태자로 책봉됐다. 상황이 이렇게 되자 조나라는 한단에 남아 있던 조희와 영정(진시황)을 돌려보냈다.

그런데 효문왕(안국군)이 소양왕의 상을 마치기도 전에 갑자기 세상을 뜨는 돌발 상황이 벌어졌다. 뒤를 이어 당연히 자초가 즉위했으니 이가 바로 장양왕莊襄王이다. 이 기가 막힌 현실 앞에 자초는 자신의 눈을 의심할 수밖에 없었다. 타향에서 거지꼴이 되어 전전하던 자신이 불과 몇 년 만에 초강국 진나라의 국왕이 되다니!

여불위는 승상이 되어 문신후文信侯에 봉해졌다. 낙양 땅 10만 호가 봉지로 따라왔다. 도박이 대박이 났다. 일생 최대의 투자가 계산이 불가능할 정도로 엄청난 수익을 거두는 순간이었다.

진시황을 위한 자결, 비굴하지 않은 최후

장양왕도 오래 살지는 못했다. 즉위 3년 만에 세상을 떠나고 13세의 영정이 즉위했다. 훗날 진시황으로 불리는 그 아이였다. 여불위는 모든 권력을 장악하고 천하통일에 박차를 가했다. 식객 3천을 거느리는 막강한 인재 풀과 정보망을 장악했다. 그 뒤 진시황이 성인이 되어 친정을 시작하면서 권력에서 배제되었고 끝내는 진시황의 편지를 받아들고 자결했다. 하지만 여불위는 누릴 것을 다 누린 뒤였다. 그리고 친아들을 위하는 마음으로 기꺼이 죽음을 선택했을 것이다.

여불위의 정치 도박은 그 이상 치밀할 수가 없었다. 막강한 권력을 장악하고 자기 문하에 식객 3천을 거느리는 무소불위의 존재로 우뚝 섰다. 여불위의 식객들 중에는 당대 최고의 지식인들이 수두룩했다. 여불위는 이들을 동원하여 《여씨춘추呂氏春秋》라는 종합 백과전서를 편찬하는 기염을 토했다. 책이 완성되자 여불위는 이 책의 목간을 성 앞에 걸어놓고 누구든 한 글자라도 고치거나 잘못을 바로잡으면 천금을 주겠다고 호언장담했다(여기서 '일자천금'이라는 유명한 고사성어가 탄생했다. '글자 하나에 천금'이란 뜻으로 문장이 그만큼 값지다는 비유이자 문장에 대한 자부심을 비유한다). 여불위는 이 문화 사업에 한껏 자부심을 드러냈다. 천하통일과 그 이후 통일 제국의 통치 논리를 제시하고자 여불위가 펼친 원대한 사업의 일환이었다.

그러나 날이 다르게 성장해가는 진시황의 존재는 여불위를 불안하게 만들었다. 여기에 한때 자신의 첩이었던 진시황의 생모이자 지금은 궁중 최고 어른이 된 조태후와의 부적절한 관계가 여불위의 발목을 잡기 시작했다. 정력 좋은 노애를 태후에게 들여보내 상황을 수습하려 했으나 이것이 오히려 진시황에게 반격의 기회를 주고 말았다.

22세 성인식을 마친 진시황은 노애의 반란을 신속하고도 잔인하게 진압하고 그 책임을 물어 여불위를 유배 보냈다. 유배를 가는 길목마다 외국 사신들이 나와 여불위에게 인사를 드릴 정도로 여불위의 위세는 여전했다. 이에 진시황은 유배를 가던 중인 여불위에게 편지 한 통을 보냈다. 당신이 진나라 왕실에 무슨 공을 그리 크게 세웠기에 이렇듯 큰 권력을 소유하고 있으며, 당신이 왕실과 대체 무슨 관계이기에 내가 당신을 큰아버지라 불러야 하냐고 물었다. 진시황이 여불위의 존재 자체를 부정한 것이다. 나아가 여불위와 자신의 관계 자체를 부정했다(이 편지로 볼 때 진시황은 여불위가 자신의 생부임을 알고 있었을 가능성이 크다). 여불위는 이런 진시황이 대견했다. 그는 기꺼이 독약을 들이켜 스스로 목숨을 끊었다. 천하를 건 도박에서 승리한 여불위의 비굴하지 않은 최후였다.

상인 여불위는 투자 대상을 고를 줄 알았을 뿐만 아니라 투자 시기

낙양에 남아 있는 여불위의 무덤. 천하를 건 대도박꾼답게 여불위의 죽음은 깔끔했다.

도 정확하게 예측했다. 변수가 발생하면 문제의 핵심이 어디에 있는지를 고려하여 제2, 제3의 투자 대상도 정확하게 골랐다. 만약을 위한 대비책도 소홀하지 않았으며, 위기 때는 과감하게 돌파했다. 이 모든 것이 철저한 준비의 결과였음은 말할 것도 없다. 위기는 준비된 사람에게는 기회로 전환되어 성공을 앞당기는 원동력으로 작용하며, 행운도 준비된 사람만이 감지할 수 있다. 천하를 건 큰 상인 여불위의 도박은 이런 준비에서 판가름이 난 것이다.

진시황은 여불위의 자결로 전권을 장악하고 천하통일에 더욱 박차를 가했다. 자신의 나래를 활짝 펼쳤고 끝내 천하통일이란 대업을 달성했다. 여불위의 안목이 최고로 빛을 발한 것이다. 정치적 상황이 전혀 다른 오늘날이지만 적어도 여불위의 정치 도박에서는 배울 것이 적지 않다는 점만은 분명해 보인다. 그는 결코 천박한 정경유착에 목을 매지 않았다. 천하를 놓고 도박을 벌일지언정! 이런 점에서 여불위는 어떤 상인이나 정치가보다 뛰어났다.

多斂之國則財必削 다렴지국즉재필삭

"세금을 많이 거두는 나라는 재정이 줄고 취약해질 수밖에 없다."

_왕통王通, 《중설中說》 〈왕도〉 편

수나라 때의 이름난 교육가이자 사상가였던 왕통(584~617)이 지은 《중설》은 그의 대표적인 저술로 알려져 있다. 여기서 왕통은 공자의 말을 인용하여 이렇게 말하고 있다.

"공자께서 말하길 '사면을 남발하지 않는 나라는 그 형벌이 공평할 수밖에 없고, 세금을 많이 거두는 나라는 재정이 줄고 취약해질 수밖에 없다.'"

왕통이 말하는 '세금을 많이 거둔다'는 것은 백성들을 착취한다는 뜻과 같다. 백성들의 노동력과 재화를 갖은 방법으로 빼앗아 배를 불리는 탐욕스러운 자본가와 재벌들에게는 세금을 깎아주고 서민들의 등을 치는 담배세, 주세 등 각종 간접세를 올리고, 백성들이 법을 잘 모른다는 것을 악용하여 온갖 목적세를 새로 만들어 생활고에 허덕이게 만든 결과, 나라 빚이 얼마나 증가했는가를 보면 왕통의 이 명구가 던지는 메시지가 절로 이해될 것이다.

탁문군,
사업으로 완성시킨 사랑 이야기

 사마천의 《사기》는 중국사 5천 년 중 3천 년을 다룬 방대한 통사다. 특히 전체 130편 중 열전 70편은 《사기》의 백미로서 역사의 진전을 추동한 수많은 보통 사람들의 행적이 다양하고 다채롭게 기술되어 있다. 그런데 이 열전에는 2천 년 전 역사서로는 참으로 귀하게 드라마보다 더 극적인 두 남녀 간의 애틋한 러브 스토리가 전해진다. 어쩌면 4천 명 이상 등장하는 《사기》 전체를 통틀어 유일한 러브 스토리일지도 모른다.

 이 러브 스토리의 두 주인공은 한나라 무제 때의 뛰어난 문장가 사마상여司馬相如와 그의 아내 탁문군卓文君이다. 그런데 이 러브 스토리의 배경에 한나라 초기 상업과 상인의 모습이 투영되어 있어 이야기를 더욱 흥미롭게 만든다. 지금부터 두 사람의 사랑 이야기와 함께 한나라 초기 상업과 상인들의 모습을 스케치해보겠다.

유유자적 빈털터리, 사마상여

사마상여는 지금의 사천성인 촉군 성도成都 사람이다. 어릴 적부터 책 읽기를 좋아하고 검술도 익혔다. 그런데 상여의 부모는 어린 아들을 '견자犬子', 즉 '개새끼'라고 불렀다고 한다. 우리 식으로 말하자면 '개똥이' 정도가 되겠다. 옛날에는 어린 나이에 전염병 따위로 일찍 죽는 일이 많아서 일부러 천한 이름을 붙여 오래 살라는 염원을 담았다. 하지만 상여는 이 이름이 마음에 들지 않았던지 공부를 어느 정도 마치자 스스로 이름을 지었다. 전국시대 조나라의 유명한 외교관으로 언변과 용기가 뛰어났던 인상여藺相如의 이름을 따 상여相如라고 했다.

사마상여가 이름을 상여로 지은 데는 또 다른 까닭이 있었던 것으로 보인다. 그의 열전에 따르면 사마상여는 말을 더듬었다고 한다. 그래서 언변이 뛰어난 인상여를 생각하며 그를 본받고 싶은 마음에 상여라고 지었는지도 모른다.

성인이 된 상여는 경제를 섬겼으나 경제는 문장을 좋아하지 않았다. 그러던 차에 조정에 입조한 양梁 효왕孝王과 인연이 되어 상여는 벼슬을 버리고 그의 식객 노릇을 했다. 효왕은 상여를 우대했고 상여

사마상여의 삶은 그의 문장처럼 풍류 그 자체였다. 수많은 글을 쓰고 책을 읽었지만 정작 자신이 죽을 때는 단 한 권의 책도 남기지 않았다고 한다.

는 이 무렵 〈자허부子虛賦〉라는 유명한 문장을 지었다. 그러나 효왕이 세상을 떠나는 바람에 상여는 하는 수 없이 고향 성도로 돌아와야 했다.

가진 것 없는 빈털터리였던 상여는 마땅히 할 일도 없어 백수로 지냈다. 그런데 성도와 가까운 임공臨邛의 현령인 왕길王吉이 상여를 몹시 좋아하여 늘 그를 챙겼다. 심지어 매일같이 상여를 찾아와 문안을 드리다시피 했는데, 부담을 느낀 상여가 만나길 꺼리자 더더욱 상여를 공경했다. 고향에 되돌아온 상여는 이렇게 백수로 하루하루 시간을 보내며 유유자적 살고 있었다.

지리적 이점으로 제철업 거상이 된 탁왕손

왕길이 현령으로 있던 촉 지방과 임공 지역에는 부유한 상인들이 많았다. 그중에서 탁씨卓氏 집안이 단연 도드라졌다. 탁씨의 조상은 조나라 사람인데 제철업으로 부호가 됐다. 이후 진나라가 조나라를 멸망시키고 천하를 통일하면서 탁씨 집안의 재산을 모두 몰수하고 촉 지방으로 이주를 시켰다. 망한 조나라 사람들이 결탁하여 진나라에 반발하지 않을까 하는 염려 때문이었다. 이에 이주 대상은 주로 정치·군사적으로 영향력이 있거나 부유한 상인 집안이 선정되었다.

이런 조치에 따라 탁씨 집안은 먼 사천 지역으로 이주를 당했다. 탁씨는 부부 두 사람이 작은 수레를 밀고 사천까지 왔다고 한다. 함께 이주해온 사람들 중 재산이 조금이라도 남은 사람들은 너나 할 것 없이 관리에게 뇌물을 주고 도회지 가까운 곳으로 가게 해달라고 졸랐고, 그 덕에 도회지 성도와 가까운 가맹葭萌에 거주했다.

그러나 탁씨는 이들과 달랐다. 탁씨는 '가맹은 땅이 좁고 척박하다. 듣자하니 민산汶山 아래는 땅이 기름져 큰 감자가 잘 되어 굶지 않으며, 주민들은 거래를 아주 잘하여 장사하기에 쉽다더라'라고 판단하고는 되도록 멀리 보내달라고 했는데, 그렇게 이주한 곳이 바로 임공이었다.

탁씨는 임공에서 원래 집안 사업이었던 제철업을 시작했다. 우선 철광을 찾아 산으로 들어가 철광석으로 철을 제련한 다음 이것으로 그릇 따위를 만들었다. 탁씨는 지리적 이점 등을 면밀히 파악하여 다

양한 판로를 개척하고 큰돈
을 벌었는데, 사천 지역의 주
민들을 압도하는 부를 축적했
다. 노비를 1천 명이나 부렸고
사냥과 고기잡이 등을 즐기며
임금 못지않은 삶을 누렸다.
이 부자가 바로 주인공 탁문군
의 아버지 탁왕손卓王孫이었다.

임공에는 탁왕손 말고도 같
은 제철업을 하는 집안이 또
있었다. 〈화식열전〉에 정정程鄭
이란 이름으로 소개된 인물로,
산동에서 옮겨온 포로였다. 정
정은 탁왕손과 같은 제철업으

임공 지역에서 제철업으로 거부가 된 탁왕손은
사업적 안목과 수완이 남다른 상인이었다.

로 치부했지만 판로가 달랐다. 그는 머리칼을 방망이 모양으로 틀어
올린 오랑캐들과 교역하여 탁씨 집안에 버금가는 부를 축적했다.

탁왕손의 딸, 탁문군과 사마상여의 운명적 만남

탁왕손과 정정은 현령 왕길로부터 임공에 귀한 사람이 있다는 이
야기를 듣고 술자리를 열어 현령과 상여를 초빙하기로 했다. 아침부

터 잔치를 베푸니 두 상인의 손님들은 반나절이 안 되어 100명이 넘었다. 물론 현령 왕길도 한걸음에 달려왔다. 정오 무렵 사람을 보내 상여를 초빙했으나 상여는 병을 핑계로 사양했다. 마음이 다급해진 현령 왕길은 요리에는 손도 못 대고 직접 상여를 찾아갔다. 현령의 체면도 있고 하니 상여는 마지못한 척 따라나섰다. 이윽고 탁왕손의 집에 도착했는데, 사람들은 상여의 풍채에 넋이 나가고 말았다. 사마천은 이 장면을 '일좌경진一坐盡傾'이란 네 글자로 표현했는데 '자리에 있던 모든 사람이 자빠졌다'는 뜻이다. 상여가 얼마나 잘생겼는지를 나타낸 표현으로, 이후 뛰어난 미모와 풍채를 본 모든 사람들이 놀라거나 넋이 나간 상태를 비유하는 성어가 됐다.

술자리가 무르익자 왕길이 거문고 연주를 자청하여 연주하면서 상여에게도 한 곡을 청했다. 평소 상여의 연주 솜씨를 잘 알고 있던 터

거문고 연주로 문군의 마음을 사로잡는 상여의 모습을 묘사한 간판 그림. 흔히 '봉구황鳳求凰', 즉 수컷 봉황새가 암컷 봉황새를 찾는다는 뜻으로 불린다.

였다. 상여는 사양하다가 앙코르까지 받으며 두 곡조를 연주했다. 이때 이런 상여의 모습을 몰래 훔쳐보고 있는 한 여성이 있었으니 다름 아닌 탁왕손의 딸 탁문군이었다. 평소 음악을 좋아하던 그녀인지라 음악 소리에 이끌려 나왔다가 상여의 우아한 자태를 보게 된 것이다. 이를 눈치 챈 상여는 현령과 아주 가까운 사이임을 보여주면서 거문고 연주로 탁문군의 마음을 흔들어 놓았다(여기서 '거문고 소리로 서로의 마음을 전한다', 즉 애정을 표시한다는 뜻의 '금심상도琴心相挑'라는 고사가 나왔다).

사마천은 사마상여가 현령 왕길의 배려로 수레와 말을 뒤따르게 하면서 임공으로 행차하는 모습을 "그 자태가 더할 수 없이 차분하고 우아했다雍容閒雅甚都"고 묘사했다. 이런 외모에 거문고를 멋들어지게 연주하는 상여의 모습에 탁문군은 그만 넋이 나가버린 것이다.

상여는 상여대로 문군의 마음을 헤아리고는 연회가 끝나자마자 시

상여를 따라 야반도주하는 문군의 모습을 새긴 돌조각.

종을 시켜 문군에게 선물을 전하며 자신의 마음을 드러냈다. 문군은 그날 밤으로 상여의 손을 잡고 성도에 있는 상여의 집으로 도망쳤다. 정말이지 속된 말로 첫눈에 눈이 맞아 야반도주를 한 것이다. 여기서 또 하나 언급할 놀라운 사실은 당시 탁문군이 과부였다는 것이다.

그 아버지에 그 딸, 탁문군의 사업가적 기질

그러나 사랑은 사랑, 현실은 현실이었다. 탁문군을 맞이한 성도 상여의 집은 그야말로 한심했다. 사마천은 이 대목에서 '가도사벽家徒四壁'이란 절묘한 표현을 썼다. '집에 있는 것이라곤 네 벽 뿐'이라는 뜻이다. 집에 벽 말고는 아무것도 없는 가난함을 비유하는 표현이다. 탁문군은 앞날이 까마득했다.

아버지 탁왕손은 탁왕손대로 난리였다. 딸이 허우대만 멀쩡한 백수 놈을 따라 도망을 쳤으니 화가 날 수밖에 없었다. 탁왕손은 "딸년이 쓸모가 없구나. 내 차마 죽이지는 못하겠지만 한 푼도 나눠주지 않을 것이다!"라며 씩씩거렸다. 집안 사람들이 화를 풀어주기 위해 이런저런 말을 건넸지만 소용없었다.

네 벽밖에 없는 성도의 집에서 신혼을 시작한 상여와 탁문군은 앞날이 막막했다. 그도 그럴 것이 상여는 글 읽고, 글 쓰고, 술 마시고, 거문고나 타는 그런 풍류아였지 돈 버는 일은 젬병이었다. 부잣집에서 귀하게 자란 탁문군에게 이런 생활은 견딜 수 없었다. 게다가 아버지 도움조차 받을 수 없는 상황이었다. 사실 달콤한 신혼도 하루이틀이지 마냥 이렇게 지낼 수는 없는 노릇이었다. 문군은 상여에게 임공으로 가자고 권했다. 임공이라면 친척들이 있으니 돈이라도 빌려 생활을 유지할 수 있을 것이라고 설득했다. 상여 역시 뾰족한 수가 없었다.

문군 마을의 입구. 이처럼 임공에는 문군의 흔적이 많이 남아 있다.

　두 사람은 임공으로 이사를 갔다. 문군은 상여를 따라올 때 가져온 패물을 비롯해 상여의 말과 수레를 팔아 술집을 사들였다. 술장사를 하겠다는 심산이었다. 뜻밖에 상여도 팔을 걷어붙이고 장사에 나섰다. 문군은 주방에서 술을 팔게 하고 자신은 독비곤犢鼻褌을 입고 고용인과 함께 술잔을 닦는 등 잡일을 했다. 독비곤이란 당시 짧은 소매에 7부 바지 모양의 간편한 작업복이다. 상여에게는 지식인에게 흔한 위선적 체면 같은 것은 없었다. 두 사람은 이렇게 열심히 술장사를 하면서 나름 달콤하고 의미 있는 신혼 생활을 보냈다.

　탁왕손은 딸과 사위가 술장사를 하고 있다는 소식에 더욱 부끄러워하며 문을 걸어 닫고는 밖에 나가지 않았다(두문불출杜門不出이란 표현이 여기서 나온다). 친인척과 동네 노인들이 번갈아가며 탁왕손을 설득했다. 두 사람이 야반도주에 술장사를 하고, 사위는 가난하기 짝이 없지만 현령이 아낄 정도로 재능이 있는 사람이니 더 이상 서로 욕되게 하지 말라고 충고했다. '자식 이기는 부모 없다'는 말처럼 탁왕손은 결국 노비와 돈 등을 이 신혼부부에게 나누어주고 화해했다. 문군과 상여는 성도로 돌아가 논밭을 사서 부자가 되었고 마침내 상여는 마음 놓고 공부할 수 있었다.

부유한 상인 집안에서 자란 탁문군은 가난한 생활을 견딜 수 없었다. 남편 상여가 아니라 가난을 인정할 수 없었다. 왜? 돈을 벌면 되니까. 돈 버는 일이야 집안에서 배워온 일이 아니던가. 과부의 몸으로 생전 처음 보는 남자를 따라나섰다는 사실 자체가 문군이 얼마나 당찬 여성인가를 잘 보여준다.

그녀는 망설임 없이 장사를 시작했고, 이런 당찬 아내에게 탄복한 남편 상여도 발 벗고 도왔다. 탁왕손 역시 처음에는 딸을 부끄러워했지만 장사에 나선 딸을 말릴 수 없다는 사실을 인정했다. 그럴 바에야 자금을 대어주는 쪽이 현명하다고 판단한 것이다. 그 아버지에 그 딸이었다. 사마상여와 탁문군의 애틋한 사랑 이야기에는 이렇듯 당찬 아내 문군의 사업가적 기질이 번득이고 있다. 그녀는 사업으로 사랑을 완성했다. 두 사람의 야반도주는 정말이지 지상 최고의 도주였다.

상여와 문군의 러브 스토리를 사회경제적 관점에서 보면 사천 성도 당지의 지식인 집안과 신흥 상인 집안의 결합이라 할 수 있다. 탁왕손으로 대표되는 한나라 초기 상인들은 국가와 백성들의 생필품인 철기에 주목하여 철광을 개발하고 철제품을 생산하는 사업에 뛰

문군고리文君故里의 시장 모습. 자전거 인력거꾼 등 뒤에 찍힌 '문군차文君茶'란 글자가 인상적이다.

어들어 거대한 상업 자본을 축적했다. 탁왕손이 비록 처음에는 두 사람의 결혼에 반대했으나 상여의 재능과 가능성에 투자하는 사업가적 안목은 결코 버리지 않았다. 두 연인의 사랑 이야기는 이야기대로 애틋하고 흥미롭지만, 두 집안의 결합은 당시 사회경제적 결합이라는 점에서 또 다른 의미가 있다.

利不外泄이불외설, 則民用給矣즉민용급의

"재물과 이익이 밖으로 새어나가지 않으면 백성의 생활이 여유로워진다."_《염철론鹽鐵論》〈역경力耕〉

기원전 81년 한나라 소제昭帝 때 조정에서는 그 이전, 주로 무제 시기의 경제 정책에 대한 득실을 따지는 대논쟁이 벌어졌다. 이를 염철 논쟁이라 한다. 국가 전매사업이었던 소금과 철이 경제에 미친 영향이 가장 컸기 때문에 이렇게 이름을 붙였고, 그렇게 정리된 책이 《염철론》이다.

이 논쟁에서 염철의 국가 전매를 주도한 법가 계통의 인물인 상홍양桑弘羊은 경제적 이익을 확보하려면 힘써 농사를 짓기보다는 형세를 파악하는 것이 낫다고 했다. 그가 말한 형세 파악이란 경제 동향을 잘 분석하여 그에 맞춰 교역이나 투자를 하는 것으로, 이것이 농사를 통해 얻을 수 있는 이익보다 크다고 본 것이다.

이와 관련해 상홍양은 "외국에서 온 물건이 국내에서 잘 유통되면 이익이 새어나가지 않고, 기이한 물건들이 국내에서 잘 유통되면 나라의 살림이 풍요로워진다"면서 위와 같이 말했다.

요컨대 상품의 원활한 교역이 재정상의 이익뿐 아니라 경제 활성화를 촉진한다는 지적이다. 그러기 위해서는 지금 우리 경제에서 핫이슈가 되고 있는 고용 안정과 임금 인상이 필요하고, 부자증세 등 가진 자들의 책임과 의무에 대한 법적·제도적 강제 장치가 마련되어야 할 것이다.

도가, 묵가, 농가로 살펴보는
제자백가의 경제관

중국사 5천 년에서 춘추전국시대는 아주 특별한 의미를 갖는다. 약 550년에 걸친 대혼란기였지만 동시에 최고의 황금기이기도 했다. 이 기간 지배층이 완전히 뒤바뀌었는데, 그 결과가 진나라의 천하통일로 수렴됐다. 사상 방면에서는 이른바 제자백가가 출몰하여 사상의 황금기를 연출했다. 한편 경제와 상업에서는 국가에 의존하던 이른바 '공상식관'이 무너지고 상업 자본과 자유 상인이 등장하여 전국 규모의 경제 활동을 펼쳤다. 상품은 다양해졌고 유통은 날개를 달았다. 거상들의 출현은 필연적이었고, 이는 이미 앞서 살펴본 내용으로 확인했다.

제자백가의 주요 관심사는 인간과 사회였지만 경제와 상업에도 각자 나름의 관심을 나타냈다. 이런 관심은 사마천이 쓴 《사기》의 〈화식열전〉과 〈평준서〉로 종합됐다. 사마천은 제자백가의 경제 사상과 상업관을 구체적으로 제시하지는 않았지만 이 두 편 곳곳에 그 편린들을 남겨 놓았다. 무엇보다 유가儒家가 한나라 무제 때 와서 국가 이데올로기인 국교, 즉 유교儒敎로 확립되면서 경제와 상업 및 상인에 대한 관심과 인식이 철저히 왜곡됐다. 이른바 '사농공상'으로 대변되는 차별적 신분관에 입각하여 상업을 천시하고 억제했기 때문이다.

한 무제 이후 유교는 철저히 위선적인 태도로 상업과 상인을 대했다. 때문에 제자백가의 경제 사상과 상업관 연구도 침체를 면치 못했다. 이에 유교가 조성한 상업과 상인에 대한 왜곡된 편견과 오해를 불식하는 의미에서 제자백가의 경제 사상과 상업관을 간략하게 살펴보고자 한다. 상업과 상인을 천시하는 유교 이데올로기를 완전히 청산하지 못한 우리나라에서도 이 문제는 나름 의미가 있을 것이다.

전국시대에 전성기를 맞은 제자백가

제자백가의 맹아는 춘추시대에 싹텄지만 그 전성기는 전국시대였다. 춘추에서 전국으로 넘어가면서 상업은 비약적으로 발전했고, 상인의 비중은 전과 비교할 수 없을 만큼 커졌다. 상업과 상인이 사회 각 방면에 미치는 영향은 결코 무시할 수 없었다. 이에 따라 제자백가의 저술에도 상업에 대한 나름의 관점이 반영됐다.

혼란스러운 정세에도 춘추전국시대는 중국 사상의 황금기를 이루었다. 그림은 이 시기를 대변하는 제자백가와 그 각 사상을 대표하는 사상가들의 모습.

대체로 정리하면, 제자백가의 경제 사상과 상업관은 도가가 상업에 부정적인 태도를 취한 데 반해 묵가墨家, 유가, 법가는 일단 상업의 객관적 작용을 긍정했다. 물론 각론에서는 상당한 견해차를 보인다.

먼저 유가는 경제 정책에서 자유 방임을 주장하면서 개인이 자유롭게 상업에 종사하게 해야 한다고 했다. 법가는 국가가 경제와 관련한 정책에 간여해야 한다면서 관영 상업은 발전시켜야 하지만 개인의 자유로운 상업 종사와 발전은 억제해야 한다고 주장했다. 물론 법가는 전기와 후기가 다르게 나타난다. 법가의 시조로 보고 있는 관중은 경제와 상업이란 점에서 결코 법가의 원조가 될 수 없다. 관중은 상공업을 장려했고 경제적 부의 중요성을 누구보다 강조했기 때문이다. 묵가는 상인의 작용, 상품의 가격과 화폐의 관계에 대해 비교적 분명하게 인식하고 있었고, 농가農家는 상품의 직접 교환과 자급자족을 지나치게 강조하다 보니 상인의 상행위를 사기로 규정했다.

이런 정보들을 바탕으로 먼저 도가, 묵가, 농가의 경제 사상과 상업관부터 검토해보자.

상업을 부정하고 자연경제로의 회귀를 주장한 도가

도가의 대표 경전은 일명 《도덕경》이라 부르는 《노자》와 《장자》를 꼽을 수 있다. 이 두 책에 반영된 경제 사상과 상업관을 핵심만 짚어보기로 한다.

잘 알다시피 '무위無爲'는 노자 사상에서 으뜸가는 원칙이다. '억지로 일삼지 말라'는 무위 사상은 경제 사상에서 마음을 비우고 욕심을 줄이라는 주장으로 연결된다. 노자는 욕심을 줄이라는 '과욕寡欲'에서 한 걸음 더 나아가 작은 나라 적은 백성, 즉 소국과민小國寡民의 원시시대로 돌아가자는 주장으로 발전시켰다. 이것이 노자가 그리는 유토피아의 모습이었고 그 사상은 기본적으로 복고라 할 수 있다. 이런 사상은 경제적으로는 자급자족의 자연 경제 상태를 상정할 수밖에 없다.

장자는 노자에 비해 훨씬 더 염세적이다. 시비도 없고, 성공과 실패도 없고, 생사도 없는 일체 허무를 주장한다. 따라서 그의 사상은 극단적 방임이자 극단적 소극으로 요약된다. 이 사상은 경제와 상업에

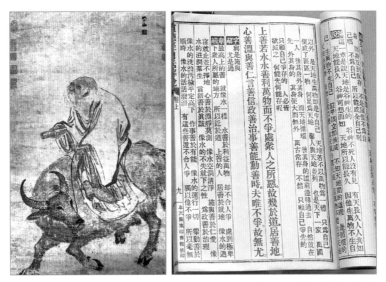

노자는 욕심을 버리자는 데서 한 걸음 더 나아가 과거로 회귀할 것을 주장하면서 상업을 부정했다. 사진은 노자를 묘사한 그림과 《도덕경》 일부.

그대로 반영되어 "상인에게 시장의 볼일이 없으면 그보다 더 좋은 일은 없을 것이다"라고 주장하면서 일체의 적극적 경제 활동을 부정했다. 그러면서 "재물이 모이기 때문에 다툼이 벌어진다"고 했다. 장자는 여기서 한 걸음 더 나아가 진귀한 상품을 다 없애야 할 뿐만 아니라 상품 교환의 공구인 도량형도 함께 없애야 한다고까지 주장했다.

상업 자체를 부정하는 도가의 이런 극단적 경제 사상과 상업관은 후세에 거의 영향을 미치지 못했다. 그 사상에 동조하는 사람도 거의 없었다. 그러나 '일삼지 않음으로써' '일삼는다'는 사상은 역대 왕조와 많은 사람들에게 몹시 지대한 영향을 주었다. 한나라 초기에 표방했던 '무위이치無爲而治'는 백성들의 힘을 아끼고 인구를 늘리는 국가

상업 자체를 부정하는 장자의 경제관은 좀 더 극단적이고 냉소적이다.

의 기본 기조이자 주요 사상으로서 큰 역할을 하기도 했다.

상업을 부정한 도가의 경제관에서 취할 것이 전혀 없는 것은 아니다. 도가는 '무위'를 기조로 경제 활동에 간섭하지 않는 방임을 내세웠다. 이는 훗날 방임주의 사상의 한 뿌리가 됐다. 또 욕심을 줄이라는 '과욕'과 '얻기 위해서는 먼저 주라' 또는 '상대를 약하게 만들려면 먼저 강하게 만들어라' 등과 같은 변증법적 사상은 경영에 적지 않은 영감과 통찰력을 주었다.

도가는 또 '다투지 말라'는 '부쟁不爭'을 강조하면서 다투지 않고도 승리할 수 있다고 한다. 이 사상이 현대 사회에 던지는 메시지는 결코 만만치 않다. 사실 경쟁이 결코 조화와 협력을 부정하는 것은 아니다. 그러나 오늘날 기업 경쟁은 이런 고차원의 논리를 제대로 이해하지 못하고 있다. 요컨대 도가는 '윈윈'할 수 있는 방법을 제시한 것이므로 오늘날에도 충분히 참고할 만하다.

상인의 작용과 화폐의 교환가치를 인정한 묵가

묵가를 대표하는 묵자는 목수, 그러니까 수공업 계층에 속하는 인물이었다. 그는 자신을 '천인賤人'이라 했다. 묵자는 계급 등급을 인정하는 타협을 보이긴 했지만 하층민의 권익을 지키기 위해 평생을 바쳤다. 그는 서로 사랑하라는 겸애兼愛 사상을 바탕으로 하층민의 배고픔, 추위, 과로를 해소하라는 주장을 펼쳤다.

묵가는 상품 교환과 상인의 역할을 비교적 정확하게 인식하고 있었고, 모든 물자는 상인에게 의지하지 않으면 유통될 수 없다고 봤다. 따라서 교통 발전을 통해 멀리 있는 물자까지 운반하여 백성의 편의를 돌봐야 한다고 했으며 이에 상인이 이익을 추구하는 심리를 긍정했다. 다만 묵가는 "남에게 손해를 끼쳐 자기가 이익을 얻는" 것에는 반대하면서 '교상리交相利', 즉 '서로에게 이익이 돌아가게 하자'고 제창했다.

묵자는 모든 전쟁을 반대하고 서로를 사랑하라는 보편적 인류애를 주장했다.

묵가는 상품 생산과 교환 및 상인의 역할을 긍정했지만 사치품의 생산과 교환에는 찬성하지 않았다. 근검과 절약을 주장했던 묵가 사상의 입장에서는 당연한 주장이었다. 세금에 대해서도 정상적인 세금 징수는 결코 반대하지 않았으며, 한 걸음 나아가 납세는 소

生産者들이 직접 져야 하는 의무라고까지 인식했다. 따라서 묵가는 소생산자가 상품 교환에 참여하여 상품 공급관계와 가격 문제에 나름대로 견해를 낼 수 있어야 한다고 봤다.

후기 묵가의 경제 사상에서 발견되는 흥미로운 점은 상품 가격과 화폐 간 관계에 대한 인식이다. 묵가는 곡식을 예로 들고 있는데, 화폐 가치가 떨어지면 곡식 값이 올라도 비

묵가의 창시자인 묵자를 비롯해 묵가의 사상을 집약하고 있는 《묵자》 판본.

싼 것이 아니며, 그 반대도 마찬가지라는 것이다. 법으로 정해진 화폐 가치는 불변이지만 곡식 가격이 그 해의 풍흉에 따라 수시로 변하기 때문에 곡식에 대한 화폐의 구매력 또한 그에 따라 변할 수밖에 없다는 논리다. 요컨대 묵가는 상품 가격의 높고 낮음은 상대적이며 화폐 그 자체도 상품으로 본 것이다. 이는 화폐를 교환의 매개로만 보는 인식에 비하면 한결 깊이 있는 인식이 아닐 수 없다. 묵가의 이러한 진보적인 인식은 소생산자들이 많았던 묵가 출신의 이익을 반영하는 것이자 소생산자들이 요구할 수밖에 없는 등가 교환 요구를 반영하는 것이기도 했다.

상행위를 기만으로 여기며 직접 교환을 주장한 농가

제자백가 중 유별난 일가로 농가가 있었다. 농가의 대표적 인물은 허행許行이었는데 맹자와 같은 시대의 사람이다.《맹자》(〈등문공〉 하편)에는 허행의 사상을 대변하는 제자 진상陳相이 맹자와 벌인 논쟁이 기록되어 있어 농가 사상의 일단을 엿볼 수 있다(물론《맹자》의 내용은 진상이 맹자에게 번번이 깨지는 것이다).

허행은 먼저 농사병행론을 주장한다. 심지어 군주도 백성과 함께 농사를 지어 먹어야 한다고 말한다. 그 자신도 제자들을 가르치면서 자리를 짜고 신을 삼고 농사를 지으며 살았다. 그는 사유재산을 인정하면서 착취에 대해서는 철저히 반대한다. 사상 면에서 농가는 묵가보다 더 격하다. 신분 계급적으로 말하자면, 허행과 농가는 소생산자인 농민의 이익을 대표하는 사상가라 할 수 있다.

그러나 농가의 주장은 두뇌 노동과 체력 노동을 구분하지 않는 극단적인 평균주의 사상으로 공상에 가깝다. 이런 평균주의는 상업을 바라보는 인식에도 잘 드러난다. 우선 상품 교환에 대한 관점이 소극적이다. 농업과 수공업의 분업과 그에 따른 교환을 인정하기는 하지만 어디까지나 철저한 자급자족을 원칙으로 어쩔 수 없는 생활용품에 한해서만 직접 교환을 인정하고 있다.

이런 인식은 상품 교환에서 가격 차이를 인정하지 않는 것으로 나타났다. 그는 "시장에서 상품 가격이 다르지 않으면 나라에 속임이 없어진다"고 하면서 이를 실현할 구체적인 방법으로 상품 규격(길이, 무게, 부피)에 따라 가격을 정하자고 했다. 이러면 "어린아이가 시장에 가도 속지 않는다"는 것이다. 농가의 이런 인식은 상품의 질량을 따지지 않고 일률적으로 가격을 규정하여 가격을 속이는 일을 없애자는 것으로 현실적으로는 환상이나 마찬가지였다.

다만 농가의 입장을 당시 사회상과 연계시켜 이해할 수 있다. 상품 교환이 장족의 발전을 이룬 전국 시기에 상업상의 속임수와 가격 조작 등에 대한 농민의 인식과 경각심은 갈수록 깊어졌다. 소농민의 이익을 대변하는 농가의 입장에서는 상인 자본의 침투를 기만이자 약탈로 인식했고, 농민 부담을 덜어주기 위해 이런 내용의 주장을 펼친 것이다. 이런 점에서 농가의 주장이 나온 배경이 아예 터무니없지는 않다.

논변을 벌이고 있는 맹자와 허행의 모습을 묘사한 그림.

利爲害本而福爲禍先이위해본이복위화선

"이익은 손해의 근본이고, 화는 복에 앞서는 것이다."

_한영韓嬰《한시외전韓詩外傳》

이해와 화복은 늘 서로 바뀔 수 있다는 것을 지적하는 명구다. 그러면서 "오로지 이익만 추구하지 않으면 손해가 없고, 복만 추구하지 않으면 화가 없다"고 말한다.

진한에서 수당에 이르는 시대의 '의리관義利觀'은 사회경제 발전에 따라 변화해왔다. 그 변증적 성격과 대립적 성질의 병존은 점점 그 시대의 전형적 특징을 이루었다. 이 명구는 의리 관계상 그 변증성을 뚜렷하게 보여준다.

이와 유사한 명구로는 《회남자》〈전언훈詮言訓〉의 "이익은 손해의 시작이고利則爲害始, 복은 화에 앞선다福則爲禍先. 오로지 이익을 추구하지 않는 사람만이 손해가 없고唯不求利者爲無害, 복을 추구하지 않는 사람만이 화가 없다唯不求福者爲無禍"가 있다. 또 송나라 사람 최돈례崔敦禮의 《추언芻言》(권중)에 나오는 "복은 화를 이끌고福者禍之先也, 이익은 손해의 시작이며利者害之始也, 생각은 원망의 매개이고思者怨之媒也, 칭찬은 폄훼를 불러들인다譽者毁之招也"는 대목도 있다.

제자백가를 대표하는
유가와 법가의 경제관

제자백가 중에서 후대에 가장 큰 영향을 미친 유가와 법가는 맹자孟子, 순자荀子, 한비자韓非子의 사상을 중심으로 살펴보고자 한다. 더불어 잡가雜家의 대표적 인물로서 천하의 권력까지 차지했던 대상인 여불위의 관점을《여씨춘추》를 중심으로 간략하게 살펴본다.

상업의 자유로운 발전을 주장한 맹자

맹자의 상업관에서 우선 주목해야 할 사실은 '맹모삼천孟母三遷' 고사다. 세 번 집을 옮겨가며 자식 교육에 신경을 쓴 맹자 어머니의 교육관을 나타내는 고사인데, 맹모가 두 번째 이사 간 동네가 바로 시장이었다. 맹자는 자신의 어린 날을 회고할 때 시장 바닥에서 놀며 시장에서 오가는 이익에 대해 깨달았다고 했다(《맹자》〈등문공〉 하편). 맹자가 본격적으로 공부하기 전에 이미 물건을 사고파는 상인 놀이를 배웠다는 뜻이다.

또 하나 주목할 것은 맹자가 훗날 열국을 주유할 때 수십 대의 마차와 수백 명의 시종들을 거느렸다는 사실이다. 이는 맹자와 그 일행이 상당한 상품을 가지고 무역을 진행했을 것이라는 추측을 가능하게 한다. 중국 학계에서는 심지어 맹자가 상업을 겸했을 가능성이 아주 크다고 보고 있다.

이러한 추정은 《맹자》에 반영된 그의 경제 사상이나 상업관으로도 입증된다. 물론 유가의 정통을 이은 맹자의 사상 전반에는 보수적인 기운이 완강하게 흐르는 것이 사실이다. 또 구舊 귀족과 미미하나마 관련이 있는 그의 출신 성분도 그의 사상을 보수 쪽으로 기울게 했다. 하지만 맹자는 여러 면에서 현실 정치와 타협하는 한편, 시

맹자의 사상에서 가장 빛나는 대목은 민본주의에 입각한 인정이었다. 중소지주와 농민의 이익을 중시한 그의 경제 사상과 상업관 역시 이에 바탕을 두고 있다.

대의 거역할 수 없는 요구를 수용하여 상당히 진보적인 사상 체계를 수립했다. 이런 점은 경제 사상과 상업관에서 잘 나타난다. 이를 몇 부분으로 나누어 간략하게 짚어보면, 먼저 맹자는 백성의 입장에서 세금을 대폭 줄일 것을 주장했다. 상인을 위해서는 관세를 줄이자고 했다. 또 당시 빈번했던 백성의 토지 침탈 현상도 적극 비판했다. 이는 맹자가 일관되게 주장한 '인정仁政'의 연장선상에서 나온 것으로 상당한 의미가 있다.

맹자는 산업에서 분업과 교환의 중요성을 적극적으로 인정했다. 이 문제를 소극적으로 긍정하는 유가의 인식에서 한 걸음 더 발전한 것이다. 이런 맹자의 입장을 '통공역사通功易事'로 압축하는데, '서로 일을 나누어 하고, 있고 없는 것을 서로 교환한다'는 뜻이다. 이런 맹자의 관점은 앞서 살펴본 농가와의 논쟁에 잘 반영되어 있다. 자신의 주장을 적극 개진하기 위해 "만 호나 되는 나라에 그릇을 굽는 사람이 한 사람만 있다면 일이 되겠는가?"라고 반문하고 있다. 즉, 맹자는 사회가 필요로 하는 물품 생산의 수량과 이를 필요로 하는 수요의 수량이 적당하게 비례해야만 비로소 사회생활이 정상적으로 진행될 수 있다고 본 것이다.

맹자는 이를 위해 상인에게 각종 편의를 제공하여 경제적 이익을 돌봐줘야 한다고 했다. 상인세를 줄여야 한다는 것이 대표적인 주장이다. 세금이 줄면 상인이 물품 운반에 드는 비용을 줄일 수 있으며, 이는 상품 판매 확대로 이어져 상업의 이윤이 증가한다는 것이다.

그렇다고 맹자가 상인의 이익만을 내세운 것은 결코 아니다. 그는

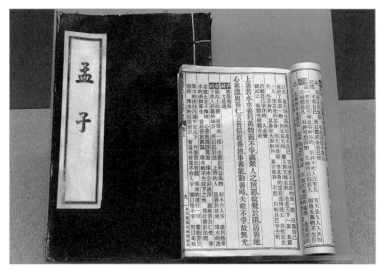
맹자의 경제 사상과 상업관이 부분적으로 등장하는 《맹자》 판본.

상업을 투기 목적으로 삼는 투기상과 무조건 이익만 올리려 드는 탐욕스러운 상인 '탐고'를 배척했다. 또 교묘하게 가격 담합 따위로 폭리를 취하여 시장을 농단하고, 이를 통해 얻은 부정한 돈으로 백성들의 토지를 차지하여 농민을 파산시키는 상인을 철저하게 배격했다. 이 부분은 맹자의 상업관에서 가장 도드라지는 대목이다.

　농가 허행과의 논쟁에서 확인되듯 맹자는 상품의 합리적 가격에도 주목했다. 농가가 상품의 질량은 무시한 채 일률적인 가격을 주장한 것에 비해 맹자는 물건(상품)이 고르지 않은 것은 당연하다고 보았다. 맹자는 이를 '물지정物之情'으로 표현했는데, 상품의 규격 이외에 질량, 등급 등과 같은 속성을 가리킨다. 사물(상품)의 속성 정도로 이해할 수 있다. 요컨대 상품의 속성을 고려하지 않고 일률적으로 가격을 강제 제정하면 천하가 혼란스러워진다고 보았던 것이다. 지금으로서는 당연한 시장 원리이지만 당시로서는 제법 진보적인 상업관이었다.

경제적으로 맹자는 신흥 중소지주 계급에 속했다. 구 귀족과의 인연이 없는 것은 아니었지만 그는 전국시대의 새로운 조류에 맞추어 상업의 자유로운 발전을 중시했다. 맹자의 진보적 상업관은 어려서부터 시장에서 가격을 흥정하고 놀던 경험과 열국을 주유하며 대규모 유사 상단을 꾸렸던 그의 상업 활동에서 비롯됐다고 봐야 할 것이다.

인간의 물질적 욕망을 인정한 순자

공자 이후 전국시대에 오면 유가는 사상과 주장 면에서 우파와 좌파로 나눠진다. 우파를 대표하는 인물은 맹자, 좌파는 순자였다. 특히 순자 문하에서는 법가를 대표하는 한비자가 배출됐다. 이런 점에서 순자의 경제 사상과 상업관은 같은 유가이지만 맹자와는 차이를 보일 수밖에 없었다.

순자는 유가로서 유가 사상을 집대성했을 뿐만 아니라 각 학파의 득실을 종합하여 예와 법, 왕도와 패도의 결합이라는 독특한 사상 체계를 구성하는 것으로 신흥 지주 계급을 대표하는 걸출한 사상가로 꼽힌다. 경제 문제에 대해 제자백가 중에서 가장 많은 견해를 남기기도 했다.

순자의 경제 사상에서 우선 주목할 것은 법가의 시조로 추앙받는 관자管子의 그림자를 확인할 수 있다는 사실이다. 물론 그는 부국강병으로 전국을 통일하는 정치적 방안을 제출했다. 하지만 각론으로 들어가면 순자는 관자가 맨 앞에 내세운 '부민富民'을 비롯해 '유민裕民' '이민利民' 등과 같은 구호를 제기하면서 "사람을 기르고 싶으면 그 사람이 요구하는 것을 주라"고 주장한다. 이는 인간의 물질적 욕망을 직시한 것이다.

인간의 물질적 욕망을 직시하고 인정한 이상 순자는 우선 사회 경제에서 상업이 차지하는 지위를 충분히 긍정했다. 그러면서 산업 생산의 발전을 적극 주장했다. 특히 농업 생산의 발전에 방점을 찍고 있다. 생산이 발전하면 이를 유통시키는 상업과 상인의 역할이 커질 수밖에 없다. 그래서 순자는 물자의 원활한 유통과 이를 실행하는 상업·상인에게 깊은 인식을 보였다. 또 세부적으로는 서로 차이를 보이는 지역 간 상품 생산과 교환을 확대하고 이를 하나의 네트워크로 통일시켜야 한다고 했다. 이런 상업 유통에 대한 관심과 구

순자중학 앞에 조성되어 있는 순자의 상.

체적인 방안 제시 등은 전에 없던 시대적 특색을 갖춘 주장이다.

또한 순자는 상업이 필요한 사회적 직업의 하나임을 분명히 강조했다. 즉, 상업에만 종사하는 상인의 존재와 그 역할을 적극 긍정한 것이다. 그는 "농민은 농민답고, 선비는 선비답고, 공인은 공인답고, 상인은 상인다워야 한다는 것이 첫째이다"라고 했다. 여기서 한 걸음 더 나아가 각자 맡은 일에 전문가가 되어야 한다면서 상업을 전업으로 하는 상인이 반드시 필요하다 주장했다.

다음으로 순자는 상인을 그 성질에 따라 좋은 상인을 가리키는 양고良賈와 나쁜 상인을 뜻하는 탐고貪賈, 이 두 종류로 나누었다. 이는 전국시대 상인을 바라보는 보편적 관점에 따른 것인데, 상업 활동을 정상적으로 진행해야지 도리에 어긋난 폭리를 취하거나 오로지 이익만 추구하는 탐고가 되어서는 안 된다는 논지다. 하지만 순자의 상인관은 다분히 실제와는 다르게 환상에 가까운 요소가 다분하다. 왜냐하면 '탐고'는 극히 적으며 상인 대부분이 소비자를 속이지 않는 성실한 존재로서 나라가 요구하는 물자를 공급하고 자신의 재물로 남을 이롭게 하는 존재라고 강조하고 있기 때문이다. 이는 당시의 현실과 큰 괴리를 보이는 논리가 아닐 수 없다.

마지막으로 순자는 상업과 상인의 존재와 역할을 충분히 긍정하면서도 상인의 수를 확대해서는 안 되며 확대할 수도 없다고 주장했다. 상업의 발전을 주장하면서 동시에 상인의 수를 줄이는 것이 '부국'을 위한 조건의 하나임을 확신했다. 이런 맥락에서 수공업과 상업의 발전을 주장하면서도 조건을 달았다. 즉, 농업 생산의 발전을 방해하지 않아야 한다는 것이다. 이는 시대적 상황과 각국의 정치적 상황으로 볼 때 비교적 정확한 견해라 할 수 있다. 전국시대 말기에 이르러 상인 세력은 이미 국가 권력에 대한 유력한 도전자로 급부상했기 때문이다. 이런 점에서 상인의 수를 줄이자는 순자의 주장은 결코 상업을 경시하는 사상으로 볼 수 없다.

순자의 경제 사상과 상업관은 전체적으로 보면 신흥 중소 지주 계급의 이익이란 입장에서 관세를 줄이고 수출입 무역을 격려함으로써 통일이라는 대사업에 상인의 지지를 얻어내야 한다는, 거역할 수 없는 시대적 요구와 대세에 부응하는 것이었다.

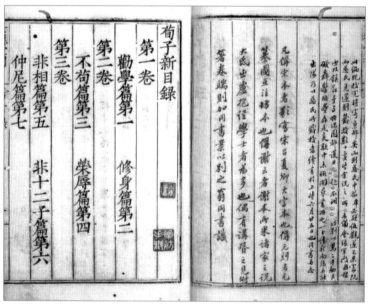

순자의 사상은 유가는 물론이고 법가의 경제 사상과 상업관에 적지 않은 영향을 남겼다. 사진은 순자의 사상을 종합적으로 정리한 《순자》 판본의 목차 부분.

'농본공상말'의 구호로 상인을 억제한 한비자

진시황이 누군가의 글을 읽다가 크게 한숨을 내쉬며 이 사람을 한 번이라도 만날 수 있다면 죽어도 여한이 없다고 한 적이 있다. 진시황이 그토록 만나고 싶어 했던 인물은 다름 아닌 법가 사상을 집대성한 한비자였다. 진시황은 당시 한韓나라의 공자였던 한비자를 만나기 위해 고의로 전쟁을 일으켜 한나라를 공격하고, 화의의 조건으로 한비자를 인질로 보내라고 할 정도였다.

그러나 진시황은 한비자를 만나고도 그를 우대하지 않았다(여기에는 말더듬이였던 한비자의 결함 아닌 결함이 작용한 것이 아닐까 싶다). 그런데도 한비자를 소개한 동문 이사李斯는 한비자를 시기하고 질투하여 진시황에게 그를 모함했다. 결국 한비자는 옥에 갇혔고 이사가 가져다준 독약을 마시고 스스로 목숨을 끊었다. 뒤늦게 진시황이 그를 찾았지만 이미 세상을 떠난 뒤였다.

비운의 대사상가 한비자는 법가 사상을 종합하고 이를 새로운 단계로 끌어올린 법가의 대표 학자다. 한비자는 봉건 최고 통치자의 권력을 강조하고 중앙집권과 군주전제주의를 고취하여 진나라가 중국을 통일하고 군주전제주의의 중앙집권을 뿌리내리는 데 필요한 이론적 기초를 닦았다.

경제 사상이란 면에서 한비자의 인식은 비교적 좁다. 그가 제기한 견해들은 대단히 예리하지만 때로는 일방에 치우쳐 있다. 특히 상업과 상인을 보는 그의 관점이 몹시 두드러지는데, 특히 '오두五蠹'로 대변되는 상인에 대한 천시가 그렇다. '오두'란 다섯 종류의 좀벌레, 즉 해충을 말한다. 한비자는 지주와 그 지주를 먹여 살리는 농민 외에 한 나라에 있는 모든 사람을 다섯 종류로 나누었다. 즉, 인의를 말하는 학자(유儒), 종횡으로 유세를 일삼는 '언담자言談者', 검을 차고 다니는 '유협游俠', 병역을 짊어질까 두려워 공공연히 뇌물을 일삼는 '환어자患御者' 그리고 '공상지민工商之民'이다. 이 다섯 종류의 사람들이 모두 농업과 전쟁에 전혀 도움이 되지 않는 사회의 해충이라는 뜻이다.

이런 관점에서 한비자는 '농본공상말農本工商末'이라는 구호를 내세웠는데, 이는 한비자가 가장 먼저 내건 것이다. 말 그대로 '농업은 근본이고 공상업은 말단'이라는 뜻이다. 이 구호 아래 한비자는 말업인 상업과 상인을 억제해야 한다는 '억말抑末'과 '억상抑商'을 외쳤다.

법가 사상을 집대성한 한비자의 경제 사상과 상업관은 편협하고 편중되어 있었다. 그러나 천하통일을 추구한 진나라의 상황에서는 유용했다.

이렇듯 한비자는 상인을 천시하다 못해 원수처럼 여겼다. 특히 상인의 이윤 착취와 사기 행위에 무자비한 공격을 퍼붓는 한편, 상인의 수와 지위를 제약하고 돈으로 관직을 사는 행태를 근절해야 한다고 주장했다. 한비자는 상공업에 종사하는 사람이 적고 사회적 지위가 낮아야만 간사한 상인과 관직을 가진 상인을 없앨

수 있다고 본 것이다. 이런 관점은 공교롭게도 '백성을 먼저 부유하게 만든 다음 나라를 부강하게 만들어야 하고' '백성이 부유해지면 나라가 절로 부강해진다'는 스승 순자의 주장과는 반대된다.

큰 사상가로서 한비자가 이렇듯 상공업과 상인을 격렬하게 공격했지만, 그렇다고 상업의 사회적 기능을 완정한 부정했다는 뜻은 아니다. 그는 상업 유통의 작용, 그리고 타지에서 온 상인의 역할과 그 작용을 긍정했다. 또 수공업과 상업이 재정 수입을 늘리는 관계에도 큰 관심을 보였다. 특히 주목할 점은 한비자가 제창한 '자리론自利論'이다. 이는 인간이 거의 본능적으로 가지고 있는 '계산 심리'를 인정한 것이다. 그는 '군주와 신하의 이익은 서로 다르기' 때문에 그들의 관계는 일종의 매매관계와 같다고 인식했다. 이는 전국시대 상품과 화폐 관계의 발전이 이미 인간의 상호 관계에도 영향을 미친 결과를 반영하는 것으로, 따라서 한비자의 '자리론'에는 상품 경제의 흔적이 뚜렷하다고 할 수 있다.

요약하면, 상공업 발전을 바라보는 한비자의 이런 편향되고 격렬한 비판은 주로 농업을 버리고 상업으로 내달리는 당시 풍조를 막아보기 위한 착안이었다. 여기에 법가의 선배 상앙商鞅이 진나라에서 실천한 농사와 전쟁을 병행하여 국가의 부강을 꾀한 경험을 충분히 본받은 결과라 할 수 있다. 한비자의 이런 인식은 진나라의 천하통일에 일정한 영향을 주었다.

자유방임의 전도사를 자처한 여불위와《여씨춘추》

법가 사상은 진나라의 천하통일을 떠받치는 축이었다. 천하통일에 절대적인 역할을 한 상앙의 개혁(역사에서는 이를 '상앙변법商鞅變法'이라 한다) 역시 철두철미한 법가 사상의 실천이었다. 앞서 한비자의 경제 사상과 상업관에서 보았다시피 법가는 상업과 상인의 역할과 작용을 부정하거나 무시하지는 않았지만, 어디까지나 농업을 중시하면서 농사와 전쟁을 병행하는, 이른바 '경전耕戰'을 앞세웠다. 이 기조는 물론 천하통일 때까지 유지됐다.

그러나 진시황의 부왕인 자초가 장양왕으로 즉위하는 데 결정적인 역할을 한 대상 여불위가 진나라 정권을 좌우하면서 상앙 이래 유지되어온 경제 정책은 변화를 맞이할 수밖에 없었다. 진시황은 13세인 기원전 247년에 왕으로 즉위했고. 여불위는 진시황 나이 25세인 기원전 235년에 사망했으며, 진시황은 39세인 기원전 221년 천하를 통일했다. 시간상 여불위가 '농본공상말'로 대변되는 진나라의 경제 기조에 변화를 줄 수 있었던 시기는 장양왕이 왕으로 즉위한 기원전 250년 무렵부터 그가 사망하기 전인 기원전 235년까지 불과 15년에 지나지 않았을 것이다.

그럼에도 여불위의 영향은 적지 않았던 것으로 보인다. 장양왕이 재위 3년 만에 죽고 13세의 어린 나이로 진시황이 즉위한 탓에 진나라의 정책은 대부분 여불위가 주도했기 때문이다. 게다가 여불위는 3천에 이르는 자신의 식객들을 동원하여《여씨춘추》라는 방대한 백과전

서를 편찬, 이로써 진나라의 주
요 정책, 특히 경제 정책에 변
화를 주었던 것으로 보인다.

《여씨춘추》는 제자백가의
주요 관점을 두루 흡수하고 그
들 사이의 모순점을 조절하는
방식을 취하는 이른바 잡가雜
家를 대표하는 저술이다. 특히
여불위의 본래 직업을 고려할
때《여씨춘추》전반에 여불위
의 경제 사상과 상업관이 투
영될 수밖에 없었을 것이다.
이런 점을 염두에 두고《여씨
춘추》에 반영된 여불위의 경
제 사상과 상업관을 살펴보자.

상인으로서 여불위는 훗날 상성商聖으로 추앙
받았다.

여불위는 '상앙변법' 이후 100여 년 뒤에 정권을 잡았다. 그는 누
가 뭐래도 전국시대에 대거 출현하는 상인의 이익을 대표하는 조정
내 새로운 존재였다. 따라서 농업을 중시하는 '중농重農'을 제창하고
있지만 상업을 억제하는 '억상抑商'의 기조는 버렸다. 여불위는 먼저
하나의 확실한 직업으로서 상인의 존재를 인정했다. 다만 농민은 다
른 일이나 상업에 종사하는 것으로 농사에 해를 입혀서는 안 된다는
점을 강조했다.

여불위가 상상 이래 진나라 경제 정책의 주요 기조였던 '억상'을 버렸음을 잘 보여주는 대목들이 《여씨춘추》 곳곳에서 보인다. 먼저 국내에서는 상품 생산과 유통을 맡은 상인에게 자유무역을 허용하고 관세를 면제하자고 주장했다. 그리고 계절에 맞추어 사람들을 상업 활동에 종사하게 하여 상인 활동을 격려하는 정책 수립을 요구했다.

특히 여불위가 지닌 상업관의 핵심인 자유무역은 정책적으로는 국가가 상업과 상인에 일체 간여하지 않는 자유방임을 뜻하는 것으로, 이는 철저하게 간섭 위주의 억상 정책을 내세운 상앙과는 완전히 대립하는 것이었다. 한 가지 흥미로운 점은 여불위는 거상으로서 호화롭고 사치스러운 생활을 누렸지만 장례 부분에서는 후장厚葬을 반대했다. 앞서 여불위를 소개하며 그의 무덤을 보았다시피 한 시대를 풍

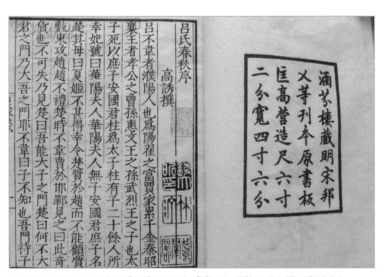

여불위는 당대 최고의 지식인들을 동원하여 《여씨춘추》라는 종합 백과전서를 편찬해냈다.

미했던 거상이자 권력자의 무덤치고는 대단히 평범하다(물론 여불위가 노애의 반란에 연루되어 자결했기 때문일 수도 있다).

여불위가 심혈을 기울여 편찬한《여씨춘추》에 반영된 경제 사상과 상업관이 진나라 정책에 얼마나 영향을 미쳤는지는 분명하게 확인할 수 없다. 여불위는 분명 상앙 이래의 '억상' 정책 기조를 바꾸고 싶었을 것이다. 이 점은 그가 상앙을 비판한 것으로 보아 틀림없다. 특히 진나라 혜왕이 상앙을 죽인 것을 두고 상앙의 행위에 의심스러운 점이 있었기 때문이라고 한 것이나 조나라에 항복한 진나라 장수 정안평과 상앙을 함께 거론한 것 등은 이런 추정을 뒷받침하기에 충분하다. 요컨대 여불위는 상앙 이래 시행해온 억상 정책과 간섭주의를 수정하려는 목적으로 방대한《여씨춘추》를 편찬한 것이 분명해 보인다. 다만, 그의 죽음과 함께 여불위의 의도는 역사의 뒤안길로 퇴장했고, 그가 남긴 경제 사상과 상업관을 둘러싼 논쟁은 후대의 몫이 됐다.

유가와 법가의 '숭본억말', 방임과 간섭 사이

사마천은《사기》마지막 권인 권130〈태사공자서〉에서 아버지 사마담의〈논육가요지論六家要旨〉라는 논문을 인용했다. 사마담이 춘추전국시대 제자백가를 대표하는 사상과 학파를 도가, 유가, 명가, 음양가, 묵가, 법가, 이 여섯으로 압축한 것이다. 사마담은 도가의 입장에서 나머지 5가의 주요 사상과 논지를 비판적으로 분석했다. 물론 이 분석에 6가의 경제 사상이나 상업관에 대한 언급은 없다. 다만 사마 담이 6가를 제자백가의 대표로 언급한 이래 많은 학자들이 이를 답 습했는데, 그중 유가, 도가, 법가는 빠지지 않고 언급되었으며 후대의 경제 사상과 상업관에는 유가와 도가, 이 양가의 영향이 가장 크고 깊었다. 이에 주로 유가와 법가가 후대 경제관에 미친 영향을 간략하 게 알아보고자 한다.

제자백가의 사상은 다 달랐고 그 영향력에도 정도의 차이가 있었 다. 그러나 상업과 상인을 부정하고 경시하는 사상들은 전국시대 이 후 날로 발전하는 상업과 화 폐 경제의 추세 속에서 설 자 리를 잃었다. 자연 경제로 완 전히 회귀하자는 도가의 논제 는 당연히 공감을 얻지 못했 다. 소생산자의 이익을 옹호하 는 묵가 역시 봉건 통치를 다 지는 데는 불리했기 때문에 시간이 흐를수록 쇠퇴했다. 자유방임을 앞세운 《여씨춘 추》로 대표되는 잡가는 그 상 업관이 대단히 도드라지긴 했 지만 무위無爲를 기본으로 하

6가의 요지를 간결하게 분석하고 비판한 《사기》 권130 〈태사공자서〉에 인용된 〈논육가요 지〉의 첫 부분.

는 황로 사상에 뿌리를 두고 있었기 때문에 훗날 유가에서 들고 나온 자유무역 사상과 구별하기 어려워진 탓으로 독립된 일가로 성립하지 못했다. 경제 사상의 흔적을 찾기 힘든 음양가나 명가는 언급할 것이 없고, 맹자에게 철저히 격파당한 농가의 경제 논리는 미미할 뿐이었다. 따라서 남은 것은 유가와 법가였고, 그 영향력 역시 다른 사상과 학파를 압도했다.

유가는 한 무제 때 국가의 지배 이데올로기, 즉 유교로 확립되면서 모든 사상과 학파가 배척됐다(이를 '파출백가罷黜百家'라 한다). 이후 유교는 2천 넘게 정치 사상을 비롯해 윤리 도덕, 경제 상업 등 모든 방면에서 절대적인 영향을 미쳤다. 법가 사상 역시 퇴출되었지만 경제 사상과 상업관의 일부는 유교에 수용됐다. 유가와 법가는 본래 상업을 중시했다. 그러나 계급관 등의 영향 때문에 사회적 지위가 낮은 상인을 천시했고, 훗날 유교는 '이의억리以義抑利'(의리로 이익을 억제한다)라는 논리로 상업을 말하는 것을 부끄러운 일로 여겼다. 이렇게 중소 상인과 상업 노동자를 낮춰보는 사상 때문에 상업을 경시하는 분위기는 날로 만연해졌다. 이렇게 해서 상업 작용을 중시하는 여타 제자백가의 정확한 관점을 엄폐했으며, 중국 봉건사회의 교육 사상은 주로 선진시대 제자백가 중 유가와 법가에서 비롯됐다는 착각을 조성했다.

유가와 법가의 상업관이 후대에 미친 영향은 크게 두 가지로 요약된다. 첫째는 농업을 중시하고 상업을 억제하는 숭본억말崇本抑末(또는 중본억말重本抑末, 강본약말强本弱末, 진본퇴말進本退末) 정책의 문제이

'파출백가'를 통해 유가를 국가 지배 이데올로기로 확립하고 중앙집권적 전제 체제를 확고하게 다진 한나라 무제.

고, 둘째는 경제 정책에서 방임 정책이냐 아니면 간섭 정책이냐, 즉 개인 상업과 관영 상업 중 어느 쪽에 편중했느냐 하는 문제다.

당초 양가는 모두 상업과 상인을 무시하지 않았다. 다만 농민들이 농업을 버리고 상업으로 내달리는 일을 억제하고자 했을 뿐이다. 따라서 '숭본억말'로 대변되는 경제 정책은 '억상' 속에 '중상'이 깃들어 있었고, '억상'은 하나의 정책이었다. 이는 모든 상업 활동과 상인을 경시하고 천시하는 '경상輕商' 사상과는 크게 달랐다.

'숭본억말'이라는 기조에서 양가는 거의 일치한다. 하지만 각론으로 들어가 내용을 보면 차이점이 발견된다. 법가는 부유한 거상 세력의 팽창을 억제하고 관영 상업으로 개인 상업을 대체하자고 주장했다. 관자와 상앙이 대표적인 인물이었다. 반면 후대 유가는 봉건 국가에서 상업을 아예 퇴출시키고 상업을 개인 경영에게 맡겨 부유한 호민豪民과 이익을 다투지 말자고 했다. 같은 구호였지만 그 내용에 차이를 보였던 것이다.

억상의 내용도 검토할 필요가 있다. 개인 상인을 억제하느냐, 아니면 관영 상인을 억제하느냐가 그 내용이다. 유가는 경제 방임정책을, 법가는 정책 간여를 주장했고 이것이 줄곧 주된 논쟁거리였다. 그런데 유가가 방임을 기조로 한 자유 경영을 주장한 것은 그 실상을 파고들면 일부 부유한 거상들의 이익을 위한 방치에 가깝다는 것을 알 수 있다. 그들은 이런 의도를 은폐하기 위해 "천자는 많고 적음을 말하지 않고, 제후는 이해를 말하지 않고, 대부는 득실을 말하지 않고, 선비는 재물의 유통을 말하지 않는다"《순자》 등의 논리를 내세웠다. 유가는 이런 논리들을 왜곡하여 자신들의 기득권 수호를 위해 일부 부유한 거상들과 결탁한 것이다. 반면 법가는 중앙집권 국가의 물질적 기반을 위해 경제 정책에 국가가 간여해야 한다고 주장하면서 개인 상업을 억제하고 관영 상업을 발전시킬 것을 요구했다. 이런 점에서 전국 통일로 넘어가는 봉건사회 전기 역사에서 경제 사상과 상업관을 둘러싼 유가와 법가의 사상 투쟁은 격렬할 수밖에 없었다. 이런 투쟁은 진시황 통일 이후에도 오랫동안 계속됐다.

富貴至則衣食美부귀지즉의식미

"부귀해지면 입고 먹는 것이 좋아진다."

부유해지고 귀해지면 맨 먼저 먹고 입는 것이 달라진다. 당연하다. 인간의 본능이 그렇기 때문이다. 전국시대 법가 사상을 집대성한 한 비자는 이렇게 말하고 이어서 다음과 같은 경계의 말을 덧붙인다.

衣食美則驕心生의식미즉교심생,
驕心生則邪僻而動棄理교심생즉사벽이동기리

"입고 먹는 것이 좋아지면 교만한 마음이 생긴다. 교만한 마음이 생기면 행동이 사악해지고 도리를 내다 버린다."

_《한비자》〈해로解老〉편

인간의 존엄과 자신의 행위를 돌아볼 줄 아는 사람이라면 부귀가 가져다주는 해악을 인지하고 경계할 줄 안다. 가진 자들의 파렴치한 행위의 근원이 그 자들이 지닌 부귀에 있다는 사실을 통찰한다면, 그래서 적어도 파렴치한 인간으로 살지 않으려면 부귀를 이용하는 최소한의 지능 정도는 갖춘다.

부귀의 근원에 대한 성찰은 아무리 많이 해도 부족하다. 그래서 자신의 의지와는 상관없이 태어난 금수저들과 그 금수저를 낳은 부귀한 자들에게 학습이 정말로 필요하다는 생각을 해본다. '강제로라도' 했으면 하는 생각도 함께 든다.

중국 진출을 위한
성공 전략을 배우다

中
國
巨
商

01

중국 시장,
우리 기업의 무덤인가 대박의 요람인가

절대 크기에서 오는 차이를 인식하라

14억 중국 시장에 진출하는 기업들이 흔히 범하는 실수 가운데 하나는 14억이란 인구에만 집착한다는 사실이다. 14억은 분명 매력적이다 못해 매혹적인 숫자에 틀림없다. 더욱이 그 시장이 비행기로 한두 시간이면 접근할 수 있다. 하지만 이 숫자만 보고 중국에 진출했다가 낭패를 본 기업이 성공한 기업보다 훨씬 많다는 엄연한 현실은 어떻게 이해해야 할까?

14억 인구를 포용하고 있는 중국 땅의 크기가 960만 제곱킬로미터에 이른다는 수치는 다들 알고 있다. 그러나 이를 심각하게 받아들이는 사람은 별로 없다. 그저 무척이나 크구나, 이 정도로만 반응할 뿐 그 크기가 주는 다양한 요소들은 무시하기 일쑤다.

중국 땅은 동서로 약 5,200킬로미터, 남북으로 약 5,600킬로미터에 이른다(동서로 시차가 4시간, 남북으로 겨울철 기온차가 70도 이상 난다). 우리나라에서 남북으로 가장 긴 곳을 재면 약 1,200킬로미터 정도가 되니 남북으로는 중국이 얼마나 큰지 실감이 안 날 수 있다. 크다고 해도 5배 정도이니 말이다. 하지만 동서로는 그 차이가 엄청나다. 우리나라에서 동서로 가장 긴 곳을 재면 약 480킬로미터로, 이를 기준으로 보면 10배 이상 차이가 난다. 면적으로 들어가면 차이는 더 벌어진다. 우리나라는 남북한 합쳐 약 22만 제곱킬로미터로, 960만 제곱킬로미터인 중국은 우리나라의 약 45배다. 남한만 놓고 보면 10만 제곱킬로미터가 조금 못 되니 남한 땅만 놓고 보면 약 100배가량이 되는 셈이다.

이렇게 구체적인 수치를 제시하는 까닭은 이 엄청난 절대 크기에서 오는 차이를 제대로 인지하지 못한 채 우리에게 익숙한 공간 인식만으로 이 크기에 접근해서는 안 된다는 점을 지적하고 싶기 때문이다. 흔히 '중국을 가보니까 진짜 멀더라' 같은 말을 하는데 단순히 먼 것에만 그치는 것이 아니다. 그 먼 것이야말로 기후와 풍토, 사람과 생활, 성격과 기질 등등 다양한 차이를 만들어내는 원천이다.

중국 사람이 많이 쓰는 관용어 중에 '만만디慢慢地'란 것이 있다. 우리나라 사람들도 웬만하면 다 아는 관용어다. 우리는 대개 느리고 게으른 중국 사람을 깔보는 표현으로 알고 있거나 그렇게 쓴다. 하지만 번지수를 잘못 짚었다. 중국 사람들, 결코 게으르거나 느리지 않

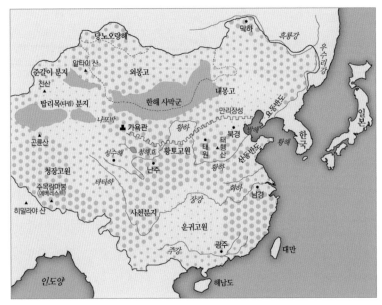

오늘날 중국 영토의 크기를 대략적으로 보여주는 지도. 중국은 남한 영토의 100배에 육박하는 어마어마한 크기를 자랑한다.

다. 엄청난 공간을 가진 중국 땅에서 살아가자면 서둘러서는 안 되는 일이 태반이다. 게다가 민족 수만 공식적으로 56개다. 고려해야 할 경우의 수가 엄청나게 많다는 뜻이다. 따라서 서둘러서는 실수하기 십상이다. 또 물건 하나를 구하려 해도 먼 곳에서 오는 물건이라면 몇 날 며칠을 기다려야 한다. 따라서 서둘러서 될 일이 아니다. 그래서 나온 표현이 '만만디'일 뿐이다.

시차와 기후 차이에 좀 더 주의를 기울여야 한다

중국 사람은 4시간의 시차에도 불구하고 북경 시간을 표준시로 통일하여 쓴다. 무던한 민족이긴 하다. 하지만 중국을 많이, 두루 다녀 본 사람이라면 이 시차가 주는 미묘한, 아니 상당한 차이를 느낀다. 해가 일찍 뜨는 동쪽 지역과 해가 늦게 지는 서쪽 지역은 풍토는 물론이고 사는 사람들도 많이 다르다. 여름철 사막 지역인 둔황敦煌은 해가 밤 10시나 돼야 진다. 사람들은 그때쯤 밖으로 나와 맥주를 마시며 논다. 동쪽 지역 사람들은 들어가 잘 시간에 나오는 것이다.

하지만 중국 사람들은 그 시차 때문에 불편해하지 않는다. 시계가 가리키는 시간이 문제가 아니라 자신들의 생활 리듬을 오랫동안 지키면서 살아왔기 때문에 별 문제가 없는 것이다.

기후 차는 시차보다 더 민감한 문제다. 광둥廣東에 근거지를 둔 항공사의 비행 조종사나 승무원들은 겨울철 북방으로 비행하려면 얇은 반팔부터 솜옷까지 다 준비해야 한다. 북방이 영하 50도까지 기온이 내려가고, 남방이 영상 20도를 웃돌기 때문이다. 어쩌다 기후 이상으로 북방에서 비행기가 뜨지 못했는데 솜옷이 없으면 여간 낭패가 아니다. 북방 사람보다 남방 사람이 겨울철에는 훨씬 불편하다. 북방 사람이 남방에 와서 비슷한 일을 겪게 되면 입고 온 옷가지를 하나둘 벗으면 되기 때문이다.

기후 차는 지역 사람들의 기질에 큰 영향을 미친다. 덥고 습한 남방 사람들은 집에 붙어 있지 않는다. 아니 붙어 있기가 불편하다. 전기료가 많이 나오는 에어컨을 마냥 틀 수 없기 때문에 냉방 시설이 잘 되어 있는 곳을 찾거나 상대적으로 시원한 바깥에서 차나 맥주 등을 즐긴다. 반면 추운 북방 사람들은 집에 꽁꽁 틀어박혀 지낸다. 물론 난방에 대한 철저한 준비가 필요하다.

중국은 툰드라 기후부터 열대 기후까지, 여기에 사막 기후까지 모든 기후대가 분포한다. 이런 점을 염두에 두지 않으면 중국 진출에서 적지 않은 어려움을 감수할 수밖에 없는 것이다.

중국 사업을 실패하지 않는 접근 방법과 지침

이제 중국이란 절대 크기를 염두에 두고 중국에 진출하여 사업을 하려는 기업이나 사람들에게 몇 가지 접근 방법과 그에 따른 지침을 이야기하고자 한다.

첫째, 서두르지 않는다. '만만디'에 대한 오해를 풀면 자연스럽게 이해할 수 있다. 특히 사업 시작 단계에서 서두르는 것은 절대 금물이다. '만만디'는 절대 크기에서 나타난 중국 특유의 관용어인 동시에 중국인의 기질을 가장 잘 반영하는 말이기도 하다. 서두르지 말라. 또 중국인 앞에서는 '만만디'란 말도 가급적 사용하지 말라.

둘째, 급할수록 돌아가라. '만만디'와 같은 맥락이다. 우회 전술은 중국 병법서에 빠짐없이 등장하는, 중국인 특유의 전략 전술이자 처세 철학이다. 잘 살피면 돌아가는 길이 훨씬 빠르다는 것을 실감하게 된다. 이는 마치 중국의 교통 상황과도 흡사하다. 서두르지 않는 이유를 여기서도 확인하게 된다.

셋째, 한 지역을 집중 공략하라. 한곳에서 성공하면 대개 다른 지역에 또 다른 지점을 내는 것이 우리 기업들의 보편적인 경영 방식이다. 하지만 여러 차례 말한 대로 지역 차이가 큰 중국에서는 이 방법이 잘 통하지 않는다. 따라서 한 지역을 집중 공략하여 확실하게 성공을 거두는 것이 위험 부담을 안고 이곳저곳을 공략하는 것보다 훨씬 유리하다. 단, 언제든 옮겨갈 수 있는 후보지를 몇 군데 미리 미리 물색해두는 준비는 필요하다.

넷째, 중앙이 아닌 지방을 물색하여 공략한다. 우리 기업들이 실패했거나, 실패하고 있거나, 또 실패할 확률이 높은 이유 중 하나는 대부분 중앙 대도시에다 사업장을 만들려 하기 때문이다. 사실 상하이上海나 베이징北京, 톈진天津이나 광저우 같은 대도시는 점포세가 서울 저리 가라 할 정도로 비싸다. 뿐만 아니라 경쟁상대로 수두룩하다. 이미 터를 단단히 잡은 경쟁상대 역시 적지 않다. 먹거리 프랜차이즈들은 특히 이 지적을 귀담아 들어야 한다. 중국인은 먹는 것을 좋아한다. 이는 중앙이나 지방이나 하등 차이가 없다. 중국은 인구 3, 4만 명 규모의 우리나라 군에 해당하는 소도시라도 인구가 보통 50만 명 이상이다. 지방을 제대로 공략만 할 수 있다면 얼마든지 위험 부담을 대폭 줄이고 성공할 수 있다.

다섯째, 내 사업과 가장 맞는 곳이 있다. 절대 크기와 14억 인구, 그리고 다양성이란 점을 염두에 두고 중국 시장을 조금만 공부하면 내가 하고자 하는 사업과 잘 맞는 지역이 틀림없이 있다. 중국에서 사업 성공 여부는 사전 준비에서 절반 이상 판가름이 난다고 해도 지나친 말이 아닐 것이다. 이를 위해서는 많은 공부가 필요하다.

여섯째, 이름으로 접근하라. 사업장 이름을 잘 지어야 한다. 중국인은 이름 하나 짓는데도 심혈을 기울인다. 외래어가 들어오면 자기 식으로 바꾼다. 코카콜라를 가구가락可口可樂(커커우커러)으로, KFC를 긍덕기肯德基(컨더지)로 표기한 절묘한 센스를 보라. 중국에 진출한 우리 기업 락앤락의 중국 이름인 러커우樂扣 역시 상당히 수준 높은 작명이라 할 수 있다. 중국인이 좋아하는 즐거울 '락' 자와 잠근다는 뜻을 가진 '구' 자를 결합하여 뜻과 발음을 동시에 보여준다. 이렇듯 작명 역시 중국이라는 나라와 그 지역에 잘 맞아야 한다. 이름만 잘

중국 사람들은 먹는 것을 좋아한다. 넓은 영토에서 비롯되는 기후와 풍토의 차이로 인해 중국의 음식 문화는 지역마다 나름의 특색이 있다. 사진은 중국의 기본적인 상차림 식탁.

지어도 성공할 확률이 크게 높아진다. 이는 전문가의 조언이 필요한 대목이다.

일곱째, '불가근不可近, 불가원不可遠'을 잘 견지하라. 지나치게 가깝게도, 지나치게 멀리하지도 말라는 뜻이다. 하루 저녁 술 한잔에 간과 쓸개를 다 빼주려 하는 것이 한국 사람의 특징이다. 중국 파트너가 있거나 필요한 사람이라면 절대 명심해야 할 계명이다.

여덟째, 역사와 문화로 접근하라. 중국 사업에서 실패한 경우를 보면 대부분은 현지화 전략이 실패했기 때문이다. 즉, 좋은 자리, 좋은 물건을 가지고도 중국 사람들의 마음을 얻지 못했다는 말이다. 중국인은 역사와 문화를 가장 중시하는 민족이다. 문화와 역사를 알아야 중국인의 기질과 성격, 나아가 지역적 정서와 풍토 등을 제대로 이해할 수 있다. 이는 현지화 전략의 필수 요소로서, 역시 공부가 많이 필요한 항목이다.

02

중국 진출을 꿈꾸는 자,
KFC에게 배워라

KFC의 현황

KFC는 1987년 베이징 치엔먼前門점을 시작으로 2012년 700여 개 도시에서 3,200여 개의 가맹점을 가진 중국 내 최대 외국계 프랜차이즈로 우뚝 섰다. 비슷한 시기에 전 세계적으로 가장 성공한 패스트푸드점인 맥도날드가 중국 내 1,000여 개의 가맹점을 가진 것과 비교해보면 KFC는 3배가 넘는 점유율로, 중국에서 KFC가 거둔 성공이 특히 돋보인다. 가장 최근 통계에 따르면 KFC는 중국 약 850개 지역에 약 4,400개의 매장을 보유하고 있다. 뿐만 아니라 최근에는 고속도로 휴게소에도 진출하면서 난공불락의 제국을 형성하고 있다. 이는 양적으로나 질적으로나 타의 추종을 불허하는 수치가 아닐 수

시안공항 내에 입점한 KFC 매장.

없다. 이미 공항에도 입점해 있으며 앞으로 기차역이나 버스 터미널에 진출하는 것은 시간문제다. 아주 특별한 일이 없는 한 중국에서 KFC의 아성은 누구도 건드리지 못할 것이다.

그렇다면 KFC의 성공 요인이 궁금하지 않을 수 없다. 중국인이 소비하면 곧바로 세계 1등이 된다는 기회의 땅 중국은 그만큼 수많은 기업이 진출해 패배를 맛본 배척의 땅이기도 하다. 따라서 KFC의 성공 요인은 연구 대상이 될 수밖에 없는 것이다.

KFC의 성공 요인 ①
뻔히 알면서도 실천하지 못하는 현지화

외국에서 장사하려면 현지화에 성공해야 한다는 말은 누구나 하는 말이고, 또 누구나 듣는 말이다. 비단 외국에서만이 아니다. 자국에서 사업을 할 때도 사업체가 있는 현지인들과 잘 지내야 하는 것은 상식이다. 그런데도 그것을 실천하지 못하는 이유는 무엇일까.

크든 작든 모든 기업은 나름의 개성과 문화를 갖고 있기 마련이다. 처음부터 외국에서 사업을 시작하는 것이 아니라면 이는 당연하고 어쩔 수 없는 요인이다. 그 개성과 문화란 한 기업을 일구어 놓기까지의 과정을 반영한다. 우리 기업 풍토를 보면 기업주의 리더십이 가장 강력한 개성이자 그 기업의 문화와 직결된다. 좀 더 쉽게 말해 국내에서 경영해온 나름의 방식과 방법이 그 기업의 개성과 문화 그 자체란 뜻이다. 대부분의 기업들이 외국에서도 이 방식과 방법을 버리지 못한다. 관성의 법칙이다.

현지화 전략은 바로 이것을 때로는 완전히 버리거나 철저하게 바꿀 것을 요구한다. 하지만 우리 기업주들은 이를 쉽게 버리지 못한다. 왜? 그것으로 성공해봤기 때문이다. 사람 사는 곳인데 왜 안 통하겠는가, 하는 낙관이 작용한다. 이는 인지상정이다. 그나마 현지화의 필요성과 위력을 아는 기업주들은 현지화 흉내는 낸다. 하지만 어설픈 현지화는 자칫 더 큰 문제를 불러오기 십상이다.

KFC는 중국 진출 시작점부터 철저한 현지화 전략을 구사했다. 중국에 처음 진출하는 기업은 대부분 본사에서 중국으로 직접 관리자를 파견한다. 반면 KFC는 중국인만이 현지화 전략을 잘 수행할 수 있다고 생각하고 임원진들을 유학파 중국인이나 타이완 출신으로 배치했다. 여기에서 여타 패스트푸드점과 다른 행보가 시작된다. 이것이 지금은 현지 완결형 경영 체제로 한 단계 더 발전하여 외국 기업들이 중국에서 곤란을 겪는 정치·문화와 꽌시關係 문제에도 빠른 해결책을 내놓을 수 있는 바탕이 되었다.

그렇다고 KFC가 무조건 무턱대고 현지화에 올인한 것은 결코 아니다. KFC는 '선先 직영 후后 가맹'의 원칙을 가지고 시작했다. 우선 직영점 관리를 통해 KFC의 이미지를 확실히 쌓고 가맹점 모집을 시작했다. KFC는 가맹점을 내줄 때도 철저하게 조사해서 내준다. 지역 상권은 물론이고 점포 주변 통행량까지 조사를 한다. 확고한 KFC만의 점수 체계가 있어 일정 점수 이하가 나오면 허가가 나오지 않는다. 예를 들어 점포가 4차선 이상의 도로변에 위치하면 먼 길을 건너 식당에 오는 일은 적기 때문에 반대편 통행량은 점수에 포함시키지 않는다. 이렇게 철저하고 과학적인 분석으로 점수를 매겨 점포 위치 등을 결정한다. 여기에 가맹주가 되고자 하는 이의 자본력을 확인하고 이전에 요식업을 해본 경험자에게만 가맹을 시키는 등 리스크 관리를 철저하게 한다.

또한 중국인들에게 패스트푸드를 소개하면서 패스트푸드가 건강에 좋지 않은 음식이라는 생각을 바꾸기 위해 초반부터 철저하게 많은 노력을 기울였다. 건강한 음식임을 강조하고 다양한 건강 교육과 건강 매뉴얼 등을 내놓으며 꾸준한 이미지 관리를 하고 있다. 여기에 가장 큰 승부 요인인 메뉴의 현지화와 다각화도 이루어졌다. 2000년 KFC는 40여 명의 중국 내 식품영양 전문가를 초빙하여 중국 KFC 식품건강 자문위원단을 설립, 중국인 입맛에 맞으면서도 건강한 메뉴를 출시했다. 우리나라 등에서와는 달리 KFC는 새로운 메뉴, 중국인들이 원하는 메뉴를 신메뉴로 많이 개발해낸 것이다. 현지 직원이 많았기에 할 수 있었던 도전이었다. 오죽했으면 KFC에 가면 없는 메뉴가 없다는 말까지 나오겠는가. 이렇게 KFC는 3대가 함께 와서 각자 먹고 싶은 것을 골라 얼마든지 먹을 수 있는 가족 레스토랑 이미지까지 덤으로 얻게 되었다.

KFC의 성공 요인 ②
통 크게 중국인의 마음을 잡아라

'은혜와 원수는 대를 물려서라도 갚는다'는 중국 속담처럼 한번 인상이 잘 박히면 웬만해서는 그 인상을 바꾸지 않는 것이 중국 사람이다. 한신이 빨래하는 아주머니에게 밥을 얻어먹고는 나중에 천금으로 은혜를 갚았다는 '일반천금一飯千金'의 고사를 떠올려보라.

KFC는 십 수 년 전, 시안西安을 대표하는 당나라 때 불교 사찰인 따옌타大雁塔(대안탑) 주변 개발(당나라의 전성기를 상징하는 '불야성不夜城' 조성이 주축인 사업)에 적극 참여했다. 상당 기간에 걸쳐 천문학

따옌타의 불야성 거리 모습과 완공 단계에 들어선 KFC 북문점. 지금은 완공되어 24시간 문전성시를 이루고 있다.

적 경비가 드는 대형 개발 사업이었다. KFC는 과감하게 이 사업에 투자했다. 공원을 조성하고 나서 엄청난 개발비를 부담한 KFC가 받은 대가라고는 북문 2층짜리 건물 입점권이 전부였다. 하지만 공원이 조성되고 나서 몰려드는 고객과 관광객들 덕분에 KFC는 투자비를 회수한 것은 물론이고 매일 천문학적 액수의 영업 이익을 올리고 있다. 여기에 문화 친화적인 기업이라는 이미지까지 확실하게 각인시켰다. 불야성 조성에 따라 KFC 지점은 계속 늘어나고 있으며 위치도 늘 우선권이 있어 좋은 목을 차지하고 있다. 정말이지 중국인의 마음을 얻으면 천하를 얻는 것이나 다를 것 없다는 말이 실감난다.

좀 더 부연 설명하고 싶은 것은 따옌타가 중국인에게 갖는 의미다. 따옌타는 당나라를 대표하는 불교 사찰일 뿐만 아니라 판타지 소설 《서유기》에 나오는 삼장법사의 실제 모델이기도 한 현장이 인도에서 돌아와 머물렀던 유서 깊은 사찰이다. 여기서 현장은 인도에서 가져온 원전 경전을 강론했고, 이 일은 당시로서는 가장 뜨거운 뉴스거리였다. 중국 사람들은 현장을 부를 때 현장이라 하지 않고 '탕성唐僧'이라고 부른다. 글자 뜻 그대로 '당나라 승려'란 보통명사다. 하지만 중국인에게 '탕성'은 고유명사다. 당나라 승려로는 현장 한 사람밖에 없다는 인식의 반영인 것이다. 그래서 '탕성' 하면 곧 현장을 가리키는 말이 되었다. 이는 마치 역사가 사마천司馬遷의 벼슬이었던 태사太史와 그 벼슬아치를 뜻하는 태사공太史公이란 보통명사가 지금은 사마천 한 사람만을 가리키는 고유명사로 바뀐 것과 마찬가지다. 이처럼 존경하는 인물에 대한 중국인들의 마음을 헤아리고, 그들이 부르는 호칭에 주목하면 아주 유용하고 깊은 정보를 얻을 수 있다. 현지화 전략에 반드시 필요한 공부라 하겠다.

역사와 문화를 통한 접근이
곧 고급스럽고 확실한 현지화다

KFC의 낮은 자세는 과거와 전통을 중시하는 중국 소비자들의 마음을 흡족하게 한다. 1987년 100명이 채 되지 않았던 중국 직원은 30년이 지난 지금 14만 명이 되었고 직원의 99.9%가 중국인이다. 그들의 모토 중 하나인 '중국의 KFC는 중국인의 KFC입니다'(中国肯得基是中国人的肯得基)가 힘을 얻을 수 있는 이유다. 이들은 외국 자본에 대한 감정이 좋지 않고 애국심이 증가되어 중화풍의 제품들이 선호될 때도 95% 이상의 재료들을 중국 현지에서 공급하여 신선도가 좋고 건강한 음식이라는 이미지를 소비자들에게 꾸준히 쌓아나갔고 중국 시장 발전에 큰 기여를 하는 기업이라는 이미지도 얻었다.

맥도날드가 뒤늦게 중국이 올림픽에서 이기면 좋다는 CF를 내보낼 때 KFC는 중국인들이 좋아하는 메뉴를 개발해서 소비자들에게 내놓았으며 패스트푸드로 건강한 음식 문화를 주도할 수 있다는 새로운 패러다임을 보여주었다. 또한 꾸준히 국가 기여 사업을 진행했다. 음식을 못 먹는 빈곤한 아이들에게 건강한 식단을 전하는 사업을 통해 중국 국가가 못하는 사업을 진행하는 착한 기업이 되었다.

현지화는 무조건 현지와 현지 사람들의 비위를 맞추는 것이 아니다. 그 지역의 역사를 통해 형성된 문화적 특성과 지역 사람들의 특징을 제대로 파악하고 그것을 존중하라는 뜻이다. 서로 다른 문화가 만나면 대개는 갈등하고 충돌한다. 하지만 고급 문화는 서로를 존중하는 열린 마음과 소통으로 형성되는 것이다. 이는 역사가 입증한다. 현지화란 곧 그 지역의 역사와 문화, 그리고 그 역사와 문화를 지속해 온 사람들에 대한 인정과 이해, 존중이라는 점을 명심해야 한다.

14억 중국이란 거대한 시장에서 현지화 전략의 성공 사례는 갈수록 늘어갈 것이다. 하지만 제대로 된 현지화는 결코 쉽지 않다. 성공 이후 초발심을 그대로 유지하는 일은 더더욱 힘들다. KFC는 이제 막 중국 진출 30년을 맞이했다. 한 세대가 흘렀다. KFC의 사례는 한 단계 더 성숙한 현지화를 향한 단단한 발판으로 작용할 것이다.

03

락앤락의 성공 전략,
중국 역사를 공부하라

중국에서 더 잘 팔리는 락앤락의 치밀한 전략

밀폐용기 제조업체인 락앤락은 국내에서도 큰 성공을 거둔 기업이다. 하지만 현재 락앤락의 주요 시장은 중국이다. 중국에서 훨씬 더 큰 수익을 거두고 있기 때문이다. 락앤락이 중국에서 거둔 성공 스토리에는 흥미로운 일화가 적지 않다. 특히, 락앤락의 김준일 회장은 치밀한 단계적 전략을 통해 중국 시장에 접근했다. 이 점은 중국 진출을 생각하는 기업이나 경영인들이 눈여겨봐야 할 대목이 아닐 수 없다.

김 회장은 국내 밀폐용기 시장 규모가 한정되어 있으며, 다른 경쟁사의 추격 등으로 국내에서는 더 이상 회사를 키우기 힘들다는 것을

락앤락 상하이 영업 법인과
화이하이루점 모습
(사진: 락앤락 홍보부).

각종 통계와 지표를 통해 확실하게 인식했다. 이에 2004년부터 본격
적으로 중국 시장 파고들기에 돌입했다. 김 회장은 중국 시장 공략을
위한 1단계 전략으로 처음부터 '고급 브랜드 고가 전략'을 펼쳤다. 당
시 한류 붐이 최고조에 달해 있던 시절이라 시기적으로도 고가 전략
을 펼치기에 아주 좋은 여건이 형성되어 있었다.

락앤락은 이미 웨이하이威海에 공장이 있었지만, 여기서 생산한 제
품은 모두 수출만 하고 일절 내수로는 풀지 않았다. 대신 비싼 관세
를 물어가면서 '메이드 인 코리아' 제품을 중국에 들여와 판매했다.
지금도 여전하지만 당시에는 특히나 '메이드 인 차이나'는 싸구려,

'메이드 인 코리아'는 고급이라는 인식이 일반적이었다.

김 회장이 락앤락 1호 직영점을 가장 고급스러운 장소에 낸 것도 같은 이유에서였다. 김 회장이 선택한 곳은 중국 경제의 중심 상하이에서도 외국인이 가장 많이 오는 번화가로 인정받는 화이하이루淮海路였다. 화이하이루에서 건물 임대료와 월세가 높기로 악명 높은(?) '홍콩 신세계광장' 1층에 락앤락 1호점인 '화이하이루점'을 열었다. 연간 임대료만 우리 돈으로 약 5억 원을 지불했다.

화이하이루 인근은 한국 청담동과 비슷한 명품 거리다. 명품 거리 한복판에 주방용품 업체가 들어간다고 하니 다들 정신 나간 전략이라고 입을 모았다. 그러나 이런 고급화 전략은 중국 소비자들에게 제대로 먹혀들었다. 중국 소비자들이 락앤락을 명품 주방 브랜드로 인식하기 시작한 것이다. '화이하이루점'의 월 매출액은 3억~4억 원에 이른다.

락앤락, 중국 역사를 현지화에 접목시키다

김준일 회장은 2007년 중국 쑤저우蘇州에 현지 생산법인을 세우면서 본격적으로 중국 내수 시장의 문을 두드리기 시작했다. 이 과정에서 김 회장은 쑤저우 주민들이 춘추전국시대 정치인 오자서伍子胥를 몹시 존경한다는 사실을 알았다. 이는 평소 중국 역사에 대한 그의 관심 덕분이었다.

김 회장은 오자서의 후손들과 협의하여 오씨 종친회의 자문을 받았고, 결국 공장 안에 오자서의 동상을 세웠다. 그러자 많은 지역 언론들과 매체들이 "외국 기업이 중국에서 처음으로 중국 명인의 동상을 세웠다"며 일제히 보도했다. 흔히 서양에서 비즈니스를 하려면 헬레니즘과 헤브라이즘을 알아야 한다고 한다. 서양 역사와 문화의 기초인 두 축을 이해하지 못하면 제대로 접근할 수 없다는 뜻이다. 마찬가지로 중국에서 사업하려면 중국어만으로는 안 된다. 중국의 역사와 문화에 대해 상당히 높은 수준의 이해도와 지식이 필요하다. 중국은 어떤 면에서 서양보다 이런 부분이 더 필요한 나라다.

오자서 동상의 제막식 날 중국에서 엄청난 영향력을 갖고 있는 '오자서 종친회'가 신문·방송 기자를 대거 불렀다. '외국 민간 기업이 공장 내부에 중국 인물을 모신 최초의 사례'라는 타이틀과 함께 락앤락 쑤저우 공장에서 열린 오자서 동상 제막식은 신문·방송 기사를 통해 중국 전역으로 퍼져나갔다. 당시 상황을 김 회장은 이렇게 회고한다.

락앤락 쑤저우 공장 내에 세워진 오자서 동상 (사진: 락앤락 홍보부).

"생각지도 못했던, 돈으로 환산할 수 없는 홍보 효과를 누리게 됐습니다. 저도 그때 처음 알게 된 사실인데 오자서 종친회에 속해 있는 사람이 전 세계적으로 600만 명이나 된답니다. 뉴욕에 총본부가 있을 정도로 거대 조직이더라고요. 그 조직이 도움을 주면서 이후 쑤저우 공장 일은 일사천리로 술술 풀려나갔지요."

중국 역사를 현지화에 접목시켜 예상 밖의 놀라운 홍보 효과를 거둔 락앤락은 그밖에도 다양한 현지화 전략을 마련했다. 정기적으로 어린이 그림 그리기 대회를 열어 우수 작품을 선정하고 이를 제품 디자인에 반영하여 그 수익의 대부분을 불우 어린이 돕기에 쓰고 있다. 오자서를 비롯해 주요 유적지에 락앤락 로고가 들어간 안내판을 만들어 제공하는 세심한 전략도 함께 시행되었다. 이렇게 해서 락앤락

락앤락 쑤저우 시대광장점(사진: 락앤락 홍보부).

은 중국과 중국인을 제대로 아는 기업이란 이미지를 얻고 나아가 중국인의 마음을 사로잡게 되었다.

락앤락은 2013년 하반기부터 시작된 중국 경제 부진 등으로 최근 2년간 경영 실적이 저조했으나 강력한 구조조정 등을 통해 새로운 돌파구를 찾아가고 있다. 최근의 부진이 결코 락앤락 성공 스토리의 교훈과 영감을 반감시키지는 못한다.

지식과 경제의 결합체,
유상의 원형을 찾아서

최근 20년 이래 중국 대륙을 비롯한 중화권 상인들 사이에서는 '유儒'와 '상商'의 관계 문제가 큰 관심사로 떠오르고 있다. 현대 사회는 이미 정보 사회와 지식가치 사회로 진입한 지 오래다. 이른바 '지식경제' 시대라는 용어는 이를 가장 잘 대변한다. 정보를 말하면서 지식의 가치를 말하는데 이는 과학 기술과 인문의 연계에 다름 아니다. 이에 따라 중국의 전통적인 인문과 그 정신을 상징하는 '유'라는 개념에 자연스럽게 눈길이 간 것이다.

'유' 하면 먼저 문인, 즉 지식인으로서 문화적 소양을 가진 지식인을 떠올리게 된다. 물론 전통문화에서 '유'는 공부를 많이 한 선비를 가리키지만 오늘날 말하는 '유'는 그 함의가 대단히 넓어지고 있는 추세다. 때문에 시대의 발전에 따라 갈수록 절박하게 '지식(유)'과 '경제(상)'를 연계시키려는 경향이 뚜렷하게 나타나고 있다. 이런 점에서 이제 '유상儒商'은 오늘날 중국 상인들이 가장 본받고 싶어 하는 모범이 되었다.

'유상'의 가장 큰 특징은 물론 지식과 경제를 모두 갖추었다는 데 있다. 그런데 오늘날 '유상'이 갖추어야 할 필수 조건으로서의 지식은 단순한 지식이 아니다. 인문정신을 바탕으로 한 지식을 말한다. 좀 더 부연하자면, 공공의 이익을 돌아볼 줄 아는 강렬한 사회적 책임감으로 부의 사회 환원과 같은 '노블레스 오블리주'의 실천을 전제로 하는 차원 높은 인문정신으로 무장한 지식을 갖춘 상인에게만 '유상'이란 영예를 부여하고 있다.

그런데 이 같은 '유상'의 기원은 2,500년이 넘는 역사를 갖고 있다. 춘추시대 공자가 창시한 유가에서 이미 '유상'을 배출하고 있기 때문이다. 바로 공자의 수제자들 중 한 사람인 자공이다. 자공은 이 책의 본문에서 비교적 상세히 다룬 것처럼 당시 여러 나라를 다니며 상업 활동을 벌인 거상이었다. 그는 한 나라의 군주와 대등한 예를 나눌 정도로 그 명성과 부가 대단했다. 그러나 이보다는 그가 공자의 수제자로서 뛰어난 학식과 문화적 소양을 지닌 진정한 '유상'이었다는 사실이 더욱 중요하다. 상인으로서 갖추어야 할 정보력은 말할 것 없었다. 자공은 스승 공자의 사상과 명성을 천하에 알리기 위해 자신의 부를 아낌없이 투자했고, 스승이 세상을 떠난 뒤에는 6년 동안 스승의 무덤을 지키며 제사를 받드는 한편 제자들을 모아 유가를 하나의 학파로 정립하는 데 결정적인 역할을 해냈다. 여기에도 물론 자공의 부가 절대적인 역할을 했다.

이 책은 사마천의 위대한 역사서 《사기》 〈화식열전〉을 비롯하여 〈공자세가〉, 〈중니제자열전〉에 기록되어 있는 거상 자공의 행적을 뒤쫓는 작업에서 출발하여 중국 고대사에 이름을 남긴 상인들의 삶과 그 치부법을 알기 쉽게 정리한 것이다. 이를 통해 오늘날 중국 상인들 사이에서 화두처럼 떠오른 지식과 경제를 함께 갖춘 이상적 상인의 모습, 즉 '유상'의 원형을 확인하고자 했다. 고대 상인들이 보여준 다양한 치부법과 부의 활용 및 노블레스 오블리주의 실천 사례들이 현대 경영에도 그 나름의 교훈과 통찰력을 선사할 수 있었으면 하는 필자의 바람을 함께 실어보았다.

이 책은 〈매경 이코노미스트〉에 1년 가까이 연재한 글에다 제자백가의 경제관과 상업관을 비롯한 새로운 원고들을 보태서 만들었다. 시기가 고대에 한정되어 있어 아쉽지만 전통적인 중국 상인의 원형을 다양하게 접할 수 있다는 점에서 중국 상인사의 입문서 역할을 해내길 희망한다. 필자 개인적으로는 〈화식열전〉에서 시작된 중국 상업사와 상인들에 대한 관심을 놓지 않고 꾸준히 공부할 수 있는 버팀목 하나가 마련되었다는 사실에 위안을 얻으며 아쉬운 대로 세상에 내보낸다.

저자 후기를 쓴 다음 날인 2018년 4월 27일 남북 정상회담으로 세계사적인 '판문점 선언'을 끌어냈다. 이로써 평화와 통일로 가는 길이 극적으로 마련되었다. 한중 관계도 새로운 차원을 맞이할 것이다. 무엇보다 우리 경제는 실질적인 남북 경제 협력을 통해 중국 14억 시장을 내수 시장으로 창출하고, 나아가 러시아, 중앙아시아 시장까지 효과적으로 공략할 수 있는 놀라운 전기를 맞이하게 되었다. 중국을 좀 더 제대로 공부하고 이해해야 할 필요성이 더욱 커졌다는 점에서 이 책이 나름 역할을 할 것으로 기대해본다.

2018년 4월 26일 22시 29분
역사적인 남북 만남을 몇 시간 앞두고
김영수

대륙의 거상

자본주의 토대를 만든 중국 상인들

초판 1쇄 2018년 5월 23일

지은이 김영수
펴낸이 전호림
책임편집 정혜재
마케팅 박종욱 김혜원
영업 황기철

펴낸곳 매경출판㈜
등 록 2003년 4월 24일(No. 2-3759)
주 소 (04557) 서울시 중구 충무로 2 (필동1가) 매일경제 별관 2층 매경출판㈜
홈페이지 www.mkbook.co.kr
전 화 02)2000-2641(기획편집) 02)2000-2636(마케팅) 02)2000-2606(구입 문의)
팩 스 02)2000-2609 **이메일** publish@mk.co.kr
인쇄·제본 ㈜ M-print 031)8071-0961
ISBN 979-11-5542-852-8 (03910)

이 도서의 국립중앙도서관 출판예정도서목록(CIP)은 서지정보유통지원시스템 홈페이지(http://seoji.
nl.go.kr)와 국가자료공동목록시스템(http://www.nl.go.kr/kolisnet)에서 이용하실 수 있습니다.
(CIP제어번호: CIP2018013390)